実話怪談

恐の家族

川奈まり子
松永瑞香
岩井志麻子
Dr.マキダシ
西浦和也

竹書房
怪談
文庫

はじめに

本邦で家族という言葉が初めて公文書に登場したのは、明治時代のこと。旧民法下では、家とは、家督を持つ戸主と戸主直系の家族によって構成されると定められていた。

家族の概念やイメージは、時代と共に変容してきた。

現代日本で家族といえば、共稼ぎの夫婦と一人っ子からなる三人家族が主流である。生涯未婚率の上昇傾向が続き、独居する単身世帯が増えた結果、両親と死に別れて天涯孤独となる人も今や珍しくない。さらに、最新の家族のイメージは、家族同然の者たちをも包摂するようになっている。愛犬や愛猫も、今日的《こんにち》には家族の一員に含まれる。

しかし、どれほど多様化の一途を辿っていても、家族が愛憎を育むゆりかごである点だけは変わらない。

愛、情欲、執着、憎悪、怨恨、殺意。家族間では、赤の他人同士より互いに強い感情を抱きやすい。また、肉親の愛がもたらす心強さは、家庭で孤立したときの辛さと裏腹である。

しかも縁が切りづらい。従って、家は蠱毒《こどく》の容器になり得るのだ。

――昔から怪談の少なからずが家族の物語だったのも、むべなるかな。

実は、累ヶ淵《かさねがふち》、四谷怪談、安達ヶ原《あだちがはら》の鬼婆といった古典的な怪談は、どれも家族にまつわる話なのである。

現代怪談にも、家族がらみのパターンが頻出する。身内の死を察知する、いわゆる虫の知らせは典型的な例だ。水子や祖霊の話も、家族の怪談の範疇に入る。

実話も例外ではなさそうだ。私が取材する体験者さんの半分ぐらいは、家族が関わる出来事を話される。

こうしたことから、いつか家族の怪談集を編んでみたいとかねて夢想していた。

本書は、そんな私が選者となった初のアンソロジーである。

家族をテーマとする怪談を、敬慕する先輩たちと、怪談界の新星の方々に書き下ろしていただいた。いずれ劣らぬ怪談巧者で、人間の感情を深く抉る描写に長けているので、世で賞揚《しょうよう》される肉親の絆に、容赦なく妖しい毒を垂らしてくれそうな予感がする。

――あなたのご家族は大丈夫ですか？

川奈まり子

恐の家族

目次

松永瑞香

川奈まり子

恐の家族

西浦和也

不思議&怪談蒐集家。心霊番組「北野誠のおまえら行くな。」や怪談トークライブ、ゲーム、DVD等の企画も手掛ける。イラストレーターとしても活躍する。単著に「現代百物語」シリーズ、『西浦和也選集 獄ノ墓』『西浦和也選集 迎賓館』『実話怪異録 死に姓の陸』『帝都怪談』、共著に『出雲怪談』『現代怪談 地獄めぐり』などがある。

義実家の墓

「ようやく先が見えてきた気がして、お話を聞いてもらおうと思ったんです」
ペットサロン経営と宿曜師《しゅくようし》（占星術の一種で、運勢をみる人）という二足の草鞋《わらじ》で働くT子さんが、二度目の嫁ぎ先で体験した一連の出来事について連絡をくれたのは、今年の一月初旬のことだった。

生まれも育ちも京都府のT子さんの祖母は、高齢になるまで拝み屋として全国各地からやってくる人々の相談にのっていたという。その血を受け継いだのか、T子さんも霊的なものをごく当たり前に見聞きすることができ、祖母の教えもあり神仏を敬うことは当然だという意識が備わっていた。

そんなT子さんが中学生の頃、学校の廊下ですれ違った年上の男子生徒から不思議な気配を受け取った。

「名前も全然知らなかった人なんですけど、直感で『この人と自分は、将来何かの縁で関わりになるんだろうな』って思ったんです」

ところが二十代半ばの交際から初めての結婚相手になったのは、全く別の男性だった。

ほどなく妊娠して、お腹の子が男の子だと判明した頃に、今まで見えたり聞こえたりしていた霊的なものを感じる力はなくなっていたという。

長男誕生から数年後、交通事故で夫を亡くしたT子さんは宇治の実家に戻って、出張トリマー（ペットの美容師）の仕事を続けながら子供を育てることになった。

ある時、仕事用のミニバンの車検を受けるために近所の整備工場を訪ねると、

「あれっ？　なあキミ。○○中学の子やろ？　俺、橋本ナオキ」

「あ、ハイ……ええっ⁉」

T子さんを見つけて声を掛けてきた整備士は、中学生時代に「いつか関わりになる」と思った先輩その人だった。

まさかと思いつつ、整備工場での再会から連絡先を交換して友達付き合いが始まり、

やがて本気の交際はいつしか再婚話へと発展していった。

「俺と前嫁の間には子供おらんかったし、Tちゃんの息子が俺の息子になってくれたら、初の男孫や！　ウチの実家のみんな喜ぶなぁ！」

ナオキによると、橋本家は男三人女一人の四人兄弟で、バツイチのナオキ以外は家庭を持っているものの長男ヒロタカと外に嫁いだ長女スミコの子供たちは女の子ばかりで、ナオキのすぐ上の兄、次男のシンジ夫婦は共働きで子供は作らない方針なのだという。

(ウチよりも古くから京都に住んではる人は、男の孫とか女の孫とか気にしはるんや……)

行儀作法に厳しい家だったらどうしようかと思いつつ、顔合わせの日がやってきた。


「T子さんのご実家、おばあちゃんが宇治で拝み屋さんやってはったんやて？」

一通りのあいさつが済むと、さっそく義姉で看護師のスミコが口火を切った。

「はぁ？　なんやそれ。マトモな商売か？」

「オバケが出るんで困ってますぅ、祓ってくださいーとか頼みに来るんか！　ハハハ！」

ええ、とT子さんが返事をする間もおかず、家業を手伝う兄弟たちが茶々を入れる。

「そんなイジらんでも、Tちゃんも息子も普通の子やから、ええやろ」

ナオキも取りなしてくれているつもりだろうが、T子さんの祖母の仕事や京都に住んでからの代が浅いことから、橋本家よりも格下だとみなしている意識がありありと感じられた。

(私は別に気にしないけど、おばあちゃんを馬鹿にされるのは少しイヤだな……)

そう思いながらも、T子さんは夫の親族に対して嫌悪感を抱くことはなかったという。中学生時代にナオキを見たときの直感のような、不思議な納得感で、義実家の人々の話を受け止めていた。

「ナオキ、本気なの？　連れ子のいる女《ひと》と再婚なんて、外聞の悪いこと……」

「安心して。もう絶対離婚なんてしいひんから」

「ほんまにこの子は……心配やわ」

「こいつは三男坊や。好きにさしたらええ。今更どこの子を嫁にもらおうと関係ない」

義母とナオキのやり取りを押さえつけるように上座から義父がピシャリと言った。

「橋本家の跡取りは長男と決まっとる」

ナオキとの再婚の翌年、三十歳でT子さんは女の子を出産した。

（そういえば、今の橋本家直系の孫って、みんな娘さんだったような……？）

ふとそんなことが気にかかったが、産院から退院して、夫と息子が待つ新居に戻ったとたん、T子さんは大事件を知らされた。

「親父が倒れた！　みんなで見舞いに行くで！」

トンボ返りで夫の運転する車に乗りこむと、京都市内の総合病院に向かった。

集まった親族一同に医師から、義父の病気は「大動脈解離」だと知らされた。

大動脈解離とは、血管の中でも三層構造を作っている大動脈に、何らかのきっかけで中間の層に血液が入り込み、血の流れが二重になることで血管の層が分離していくという疾患で、手遅れになると重大な合併症から死に至る場合もあるという。

一番若いT子さん夫婦も三十代であり、六十歳を超えた義父であればいつ発症してもおかしくはないのかもしれなかった。

義父の容体は重く、十時間近い緊急手術でようやく一命を取り留められたが、予断を許さない状況だとのことで、この時から義父の長い入院生活が始まった。

本家の事業は一緒に働いていた長男と次男が引き継ぎ、入院中の義父の世話は義実家に一緒に住んでいる長男夫婦と義母が受け持ってくれた。

だが数か月後、義父に続いて義母も同じ病気で入院することになった。

義母が在宅中に「胸が痛い」と急にうずくまり、一緒にいた長男の嫁がすぐに救急車を呼んだのが幸いして、大事には至らなかったものの、義実家でまたもや大動脈解離の手術という大事が起こってしまった。

長く生活を共にしたからといって、血のつながりがない夫婦が同じ血管の不具合を起こすものだろうか。

（なんだか妙だ。こんな時、実家のおばあちゃんがいてくれたら良かったのに）

因縁めいた相談事を聞いてくれていた祖母は、T子さんが娘を産む直前に百歳で世を去っていた。

義母が退院してすぐに秋のお彼岸の法要をするということで、T子さんはこの年初めて義実家の墓所に足を踏み入れた。

橋本家の墓地は、山手の霊園の中でも見晴らしのいい高台の一角に、そこそこの広さを確保しているという。

息子の手を引いて少し急な坂道を歩いていると、T子さんはなぜか急に胸を締め付けられるような、なんとも切ない気持ちになった。

「おい、しんどいんか？　ウチのお墓もう目の前やから、あとちょっと頑張り！」

夫に声を掛けられて顔を上げると、思わず「えっ」と声が出た。

（なにこれ⁉　こんなお墓、初めて見た……）

その印象を一言で言い表すと「異様」であった。

しっかりした石の柵に囲まれた橋本家本家の墓所は、ちょっとした物置小屋が建てられそうな広さがあった。

柵の入口から短い石畳でつながった中央には本家のご先祖様と思われるひときわ大きな墓石が建っている。それだけならば、立派なお墓と思っただろう。

ところが、大きな本家の墓石の左右と後方の空いた場所には、少し小ぶりの墓石が五つも並んでおり、奥の隙間には小さなお地蔵様が彫られた水子供養のお墓も建っている。石の柵に囲まれているのも相まって、墓石がぎっしり詰め込まれている様子は、墓石を建てた分だけ供養したと主張しているようで、T子さんの実家の墓とは雰囲気からしてまるで違っていた。

（ちょっと待って！　こっちの墓石の苗字、橋本と違うけど⁉　どういうことなの？）

初めて目にした義実家の墓の異質さに、T子さんは内心混乱した。

（どうにかした方がいい気がするけど、これはかなり事情が複雑そう……）

そんな考えはおくびにも出さず、集まった親族と手分けして墓所内の墓石や柵の中に溜まったほこりや枯葉などを掃除して、法要を担当してくれるお坊さんを待った。

橋本家は浄土宗の家系だというが、決まった寺に世話になっているわけではなく、この時に呼んだのは、持ち回りでお彼岸供養をするお坊さんだという。

初めて単独で派遣されて来たという若いお坊さんは、祭壇の前でたどたどしく口上を述べたが、自信なさげでまったく頼りない。

（あれっ、今お経間違えなかった？　ん？　また噛んだ！　大丈夫かしらこの人……）

手を合わせている間、T子さんは心の中でハラハラし通しだったという。

その法要の帰りに親族そろって外食している時に、やがて義父の入院の話題になった。

「親父が危篤って聞いた時は、ちょっと覚悟したけど、もってよかったわ」

夫のナオキがそう言うと、次男シンジがヘラヘラとした顔で、

「まあ、もしもの時は、兄貴に任せたらええやろ。それよりもさ、あの墓、あんな坂の上になくても良くないか？　もっと近場にしようや。なあ、ナオキ？」

と混ぜっ返した。

「いやぁ、俺は手狭なのがちょっと可哀そうやなって思うけど……」

「アホか！　親父が整えた本家の墓やぞ！　簡単に変えれるもんとちゃうわ！」

「……冗談やって」

短気な質の長男ヒロタカに噛みつかれて、次男が白旗を上げる。そのやり取りを見たT子さんは思った。

（ああ、次男さんはあんまり信心はないみたいやけど、うちの人と長男さんはお墓のこと、気にしてはるんや。私と同じ風に思ってる人がいてよかった……）

その年の冬が近づいた頃、義母に続いて次男のシンジが大動脈解離を発症した。

しかも心臓に近い大動脈弁が機能不全を起こし、血が逆流しかけるという危険な状態だったが、心臓に人工弁を取り付け、乖離《かいり》した部分には人工血管を入れるという大手術で一命を取り留めることができた。

「もしかすると、この症状はご家族の遺伝という可能性もありそうですね」

同じ年に、近親の者が三人が立て続けに入院したことで、担当の医師から長男のヒロタカとその娘、三男のナオキ、長女のスミコと二人の娘たちにも血液検査と精密検査を強く勧められた。


橋本家の家族たちが検査結果を待つ間、T子さんは実家近くのお寺や知人のツテをたどって、一人の住職を訪ねていた。

「家系図は持って来はりましたか？」

「いえ。義母に聞いたら、昔に火事で焼けてしもたそうで、聞き書きで控えたメモみたいなもんしかないんですが」

それでいいですよ、と受け取った住職は「あぁ」とため息をつく。

「この人たちは、どんな形でお墓に入られてますか？」

T子さんは「ややこしいんですけど」と言うと、義母から教えてもらった通りを話しだした。

T子さんの義実家、橋本家の本家の墓所はもともと宇治田原という土地にあったのだという。そこから、現橋本家の祖となるトモゾウという人が宇治に出てきて事業を起したのだろうと聞かされている。

宇治に定着したトモゾウ氏にはサナエさんという年若い妻がいたが、結婚して間もなく病死してしまう。サナエさんは宇治の高台に土葬で埋葬され、そこが現橋本家本家の墓地の基礎となった。

トモゾウ氏はサナエさんを亡くしてから、長らく独り身でいたが、かなり高齢になってからイノさんという後妻を迎えた。

このイノさんは長瀬という家に嫁いでいたが未亡人となり、そこで産んだフジオという息子も一緒に橋本家に迎え入れられた。再婚の時点でフジオは成人していたので、長瀬フジオという名前のままトモゾウ氏の養子となった。

長瀬フジオがミエという女性と結婚して生まれたのが、現橋本家の家長であり、T子さんの義父タカユキだった。

この話から、血族としての橋本家はトモゾウ氏の代で絶えていることが判った。

なぜトモゾウ氏の再婚相手のイノさんが長男であるはずのフジオとミエの夫婦を長瀬

家に置いてこなかったのかというと、フジオは生来病弱で結核を患って家業に関われなくなったため、別の親戚に長瀬家の家督を譲って、母と生家を出ることになったらしい。

橋本家に引き取られたフジオとミエの間にはT子さんの義父を含めて六人の男女が生まれていたのだが、フジオが結核で母のイノさんよりも先に早逝してしまった。

トモゾウ氏は六人もの子供を抱えた養子嫁のミエを放り出すのを良しとせず、ミエとその子供たち（トモゾウ氏にとっての孫）を全員養子として引き取ることにした。

橋本家の娘となった時点でミエも結核を発症しており、最後に女の赤ん坊チエコを産んだときには寝たきりの状態だったという。

「せっかく嫁にきてたくさん子供を産んでくれたのに、息子の病気のせいで大変な目にあわせてしまって申し訳ない」

イノさんがミエの看病中にそう声を掛けると、

「お義母様、とんでもないです。私もいずれ逝くときには、ご迷惑にならないよう、チエコだけは一緒に連れてゆきます」

と泣いていたという。

そしてその言葉通り、ミエが病死したのと間を置かず、チエコも乳飲み子のまま息を引き取ったと伝えられている。

トモゾウ氏が引き取った養子たちの中で長男にあたるタカユキが、橋本家の跡取りとして育てられた。トモゾウ氏が亡くなると、成人して家業を継いだタカユキが橋本家の墓を建てることになった。

この時代の常識では埋葬される人ごとに墓石を立てており、それに倣ったタカユキは、最初にサナエさんが埋葬されていた墓所の上に、一番大きな墓石を立てて養父トモゾウ氏の墓とした。次にその隣に養母イノの墓、実の父である長瀬フジオの墓、実母長瀬ミエの墓、先に逝った兄弟たちの墓石を建てた外れに、水子地蔵が彫られた小さなチエコの墓も建てた。

T子さんが話し終えると、

「橋本家のお墓やいうのに、苗字の違う人のお墓を入れてるんは、いけませんなぁ」

たとえその人から見て実の親であってもですよ……と住職は顔をしかめた。

「それから、一つの墓所の中に、墓石をギュウギュウ詰めに建てるのも良くありません。ご主人のご兄弟にも相談して、ご先祖様の順番にいい場所にという具合にお墓を整えなおしてはいかがですか」

「そうはしたいんですが、なにぶん私は三男の嫁ですので……」

「それでもあなたが気がつかはったんやから、お墓参りの機会があるたびに『今はこういう状態です』というのをご先祖さんたちに伝えてあげてください。お勤めやと思うて」

その時のアドバイスはそれで終わった。

T子さんはこの時の相談をきっかけに、家相や墓相鑑定も手がける宿曜師の勉強を始めたのだという。

(やっぱりちゃんと勉強して修行を積んだお坊さんは、言葉の重みが違うわ。今じゃ幽霊も見えへんけど、私もそういう知識だけでも持っていた方がいいのかもなあ)

ましてや義実家では病気がらみのゴタゴタが続いている。

(わけが分からんままよりも、道理を知ってた方が気持ちの整理もつけやすいはずよ)

と、自分のために始めた勉強だったので、義実家に話すつもりもなかった。

正月に本家に集まった際には、親族たちの精密検査の結果の話題でもちきりだった。

長男ヒロタカにわずかな動脈の乖離が発見されたことで、その娘にも遺伝の可能性が出てきたということだった。

「兄さん、よかったじゃないの。大事になる前に見つかって」

そういう長女スミコにも、母方の遺伝と確認された心臓病の可能性が判明し、さらに長女の二人の娘たちには未発症ではあるが難病指定の病原の存在が確認されたという。

「T子さんは最近占いの勉強だとかいって、家相やら墓相だのの本を読んでるっていうけど、そんな迷信じみた話じゃないのよ。検査で分かっていれば、ちゃんと医学で対応できるもんなの！」

義実家側に宿曜師の勉強の話はしていなかったはずだが、どうやら夫のナオキが酒の席で口を滑らせていたようだ。

「い、いや姉さん。今そんな話せんでもええやん……」

「そういうナオキは検査どうやったんよ？」

「いや俺は仕事が忙しいし、休みが合わんくて病院の予約が……」

仕事を言い訳にして病院の検査を先延ばしにしていた夫は、義実家の親族一同に大目玉を食らい、正月休みが明けてすぐに検査を受ける約束をさせられた。

「奥さん！　ウチの工場でおたくの旦那が倒れた！」

検査結果を聞きに行く前日、T子さんの夫ナオキが職場の整備工場で倒れて、京都の職場から大阪の医大病院に救急搬送されたと連絡があった。

（あの病気の連鎖が、ついにウチにも来てしまった！）

いつかは、と覚悟はできていたはずだったが、さすがにショックは大きかった。

T子さんは実家の母に息子と娘を預けると、仕事用のミニバンで大阪に向かった。

「救急隊員の見立てでは深刻な大動脈解離が起こっている可能性が高いとのことでしたが、京都府内の病院では受け入れ可能なところがなく、心臓疾患の専門医がいる当院で受け入れることになりました。

現在緊急手術を行っておりますが、もしもの場合もありますので、このまま手術室前でお待ちになってください」

到着した医大病院で、看護師からそう説明を受けたとき、何故かT子さんは「義両親がかかっている病院でなくてよかった」「大阪の先生がうまくやってくれる」という、あの直感があったという。

果たして、一晩かかったナオキの手術は無事成功した。

「一命はとりとめましたが、心臓の手前まで乖離が進んでましたし、あと数ミリ乖離が伸びていたら危なかったですよ。

今回はいわば崖に向かって走るブレーキの壊れた車の前にくさびを打って止めただけで、エンジンも動いてるしブレーキそのものも壊れたままなんで、日常生活に戻すにはあと何回か手術をしなきゃいけませんが……京都の病院に転院しますか？」

「いえ！　ここで助けていただいたんで、引き続きここで診てください！」

医師からの問いかけに、T子さんはきっぱりと答えていた。

一月にナオキが大動脈解離で倒れ、人工血管などを入れる手術などを行う間に、春のお彼岸がやってきた。T子さんは小学校に上がった息子を連れて、二人だけで橋本家のお彼岸法要に参列した。今回もお経をあげるために呼ばれたのは、その時限りのお坊さんだった。

法要が終わるとT子さんは、いつもは敬遠している長男のヒロタカに声を掛けていた。

「お義兄さん、このままでいいんでしょうか？」

「なんや？　急に」

祖母が拝み屋だということで、義実家からはうさん臭く思われていることは百も承知で結婚したので、祟りや因縁の話題など自分からはしないように注意していたT子さんだったが、この日は夫の看病と義実家の病院通いの手伝い、自分の本業に子育てまでとあちこち飛び回っていた疲れで気が緩んでいたのだろうか。

「ご先祖様のためにも、本家のお墓、整えたほうがいいと思うんですよ。お義兄さん、なんとかしはりませんか？」

あっと思った時には既に遅く、短気な長男は猛烈な勢いで怒鳴り出した。

「ハァッ!?　そんな、この墓の前で言うことか!?　お前ぇ、本性が出たな！　最初っから、俺らをだまして金儲けするつもりやったんやろ!!　余計な指図すんな！」

そう言い捨てて、他の親族たちもその場に残して一人で霊園を出て行ってしまった。

（なんて最悪のタイミングで言ってしまったんやろ……）

怒鳴られたショックで呆然と立ち尽くすT子さんが、「帰ろう」と息子に手を引かれて気づいた時には、他の親族たちも既に墓前から去っていた。

（ご覧の通りお墓のことは反対にあっていて、まだまだ整いそうにありません。本当に

申し訳ありません）

意気消沈しながらT子さんは息子とともに手を合わせて、義実家の墓を後にした。

「T子さん。ナオキが診てもろた病院、大阪のなんてとこやったかしら？」

五月の大型連休前に、義母から電話があった。

春のお彼岸から数日後、長男ヒロタカが出張先の沖縄で既に懸念のあった大動脈解離で倒れ、現地の病院に手術のため今まで入院していたのだという。そして今日、沖縄に行って看病していた長男の嫁から、実家に戻る許可が出たので転院の手続きが必要だと連絡があったのだそうだ。

「ウチのお父さんの病院だと、ヒロタカまで大変なことになりそうやし……」

義父の入院生活はこの時既に一年を超えていた。

義父は人工血管の不調から交換手術を短期間に何度も行ったためなのか、原因不明の感染症を発症したり、様々な合併症に見舞われていた。感染症の原因菌も特定できない間に、いつの間にか足の骨が変形して自力で歩くことができなくなり、今や義父は完全に寝たきりの生活を強いられていた。

「ナオキの方は、手術の後、普通に働けてるんでしょ？」

「ええ。今は工場から内勤になりまして。検査もずっと大阪の医大病院で診てもらってます。お義兄さんが沖縄から戻られたら、一緒にお見舞いに行きましょうか」

義母とそう約束をしたものの、その機会は更にひと月先に延期することになった。

大阪の医大病院に転院したヒロタカだったが、念のためにと再検査を受けたところ、複数の血管に人工弁を入れないと日常生活もままならない状態にまで、血管の急激な乖離が進行していたことが分かった。

これによりヒロタカの入院中、本家の事業は次男のシンジが引き継ぐことになった。


義父と長男は入院中、次男と三男は働いてはいるものの、約一年の間で橋本家直系の男たちが、心臓や血管に人工弁を埋め込んで命をつないでいる状態になっていた。

子供たちの夏休みが始まった頃、長女のスミコからT子さんに電話がかかってきた。

次男のシンジが急逝《きゅうせい》したとの知らせだった。

葬式の準備をするにも次男の嫁も義母もひどく狼狽《ろうばい》しているし、手術が終わって退院したばかりの長男夫婦も大変な思いをするだろうから、T子さんたち三男夫婦で段取りをつけてやってくれという頼み事も含まれていた。

「お母さんから頼まれたけど、私はもう、お嫁で出たソトの人間なんやからね。本家のことは、もうあんたらにやってもらわな困るのよ。こんなことに巻き込まんといて！」

「……わかりました。この後ナオキさんと本家に伺います」


葬儀社に連絡して義実家まで来てもらい、義母と次男の嫁同席で相談した結果、名目上の喪主は次男の嫁ではあるが、T子さんたち三男夫婦が段取りをつけて身内だけの葬式を上げた。

「あの子ね、今年はお盆の集まりも止めて墓参りもナシでええ、なんて言うてたのよ。その次の日よ。……きっとそのせいなんやわ」

火葬の待ち時間に、義母がこんなことを言って顔を覆って泣き出した。長女のスミコはそれを聞いて苦い顔になる。

「やめてよ、お母さん！」

「いや……もしかしたら」

長男のヒロタカは沖縄で倒れる直前、お彼岸の墓参りの時にT子さんを怒鳴っていた。

短気ですぐ怒鳴る質は、何度か手術をする間にすっかり変わって、弱気になっている。

「T子が言う通り、ちゃんとしとかなあかんかったんかもなぁ」

(あら。お義兄さんがこう言ってくれるということは、お墓のことは進展するのかも?)

少し明るい兆しを感じたT子さんは、その直後に絶望に叩き落された。

「ナオキ、そこにおったんか。この親不孝もん!」

精進落としの席を立って近寄って来たのは、義父の妹だった。

「え? おばちゃん、なんのこと?」

「なんのことやあらしません! あんたら、墓じまいするつもりてどういうことよ⁉」

会食の席をぐるりと見渡すと、義母がおろおろとこちら向かって頭を下げている。

「おばちゃんこそ、いきなり突っかかってきて、勝手なこと言わんでくれや!」

「何その言いぐさは! 橋本本家の墓をつぶすって⁉ 好き勝手させませんよ⁉」

「あんな墓のままほっといて、ソトに出たくせに今さら説教かいな!」

「あの、叔母さん。私らはお墓を無くすなんて考えてもなくて……」

売り言葉に買い言葉の二人を止めようと、T子さんが割って入ったが、

「たかが三男の嫁が! あんたが口出ししていいことやありません!」

あとはその場にいる葬儀場の社員たちに手伝ってもらって、ナオキと叔母が取っ組み合いをしないように押さえつけるので手一杯になった。

ようやく二人を落ち着かせて、葬儀場から解散となった時、参列した誰かがこぼした言葉が耳に残った。

「ホントにこの家は、墓の話になるとすぐゴタつくよなぁ」

次男シンジの葬儀の件以来、橋本家のお寺関係の行事やお墓参りの仕切りは、T子さんたち三男夫婦が任されることになった。

秋のお彼岸の連絡を取った時に、お盆の法要に顔を見せなかった義父の妹が心不全で亡くなっていたことをその娘さんから知らされた。

それを聞いたT子さんはお悔やみとは別に、「これでお墓を整えやすくなりそうだ」という気持ちになったという。

それから十数年が経った。

人工弁や人工血管の交換を行いながら延命していた義父がついに他界し、それと入れ替わるように長男ヒロタカが入院生活を始めることになった。

「ウチの娘はもうじきお嫁さんになるし、男の子がおるのはナオキのとこだけやからな」

そう言ってヒロタカから家業を託された三男のナオキが正式に家を継ぐことになり、将来的には大学受験を控えたT子さんの息子タカシが、その跡を継ぐことが確定した。

長男の看護の手伝いや義母の介護もあって、お墓の整理は未だに整い切ってはいないが、あとは良い時期に動けるところまで準備は進めてきた。

「今から思えば、中学生の時から、私はこの家に呼ばれていたのかもしれません」

血のつながらない男の子を授かって再婚したのも「そういう縁」だったのかもしれないとT子さんは言う。

そうまでして家を守っていきたいという先祖たちの思いが、この家族をどんな未来に導くのか、私は大変興味深く思った。

階段のおじいちゃん

T子さんが二度目の夫と結婚して三年ほど経ったころの話。

二度目の結婚で連れ子となった長男のタカシが幼稚園に通い始めると、子供同士の付き合いからママ友付き合いも始まった。

一部を出張トリマーの事務所に改装していたT子さんの実家は、幼稚園バスの乗り場に近く「集まりやすくて安心だ」と、いつの間にか子供の集会所のようになっていた。

仕事のかたわら義実家の看護の手伝いで病院通いもしていたT子さんは、まだ小さな長女と息子の世話ができない時には実家の母に面倒を見てもらっていた。祖母の代から人の出入りの多い家の嫁であった母は、実の孫以外にその友達を一緒に預かることも快諾してくれた。

かつて拝み屋として祖母が来客の応対をしていた部屋を片づけて、ママ友たちが持ち寄った玩具や絵本などを置いて、子供たちの遊び部屋が整えられた。

T子さんの息子タカシくんと仲の良い子供たちは当時でも五、六人いたのだが、その中でもシングルマザーのヨシコさんの息子ノリオくんとは、毎日のように一緒に遊んでいたという。

ノリオくんはマイペースな性格で、周囲の子供たちから少し浮いた存在だったのだが、タカシくんと同じクラスになってからは、優しい態度でやりたいことを聞いてくれたり、スローなノリオくんのペースに合わせて遊んでくれるタカシくんを親友のように慕《した》っていた。

「幼稚園に送り出すのが本当にラクになりました。ありがとう!」

と喜ぶヨシコさんは、タカシくんとT子さんを恩人のように感じているようだった。

ある日、T子さんはヨシコさんから妙な質問をされた。

「あの、ホントにすみません。うちの子が『タカシくんちの部屋の前の階段に、いつもおじいちゃんが立っている。なんでお部屋に入ってこないんかなあ?』って言ってるんですけど、今ご実家にはお母さんしかおられないですよね?」

「そうだけど――もしかしたら、ウチの兄貴を見間違えたのかしら?」

最初はそう答えたT子さんだったが、もしかしたらノリオくんには人に見えないものが見えているのかもしれないと思った。

その後もヨシコさんから息子の「階段のおじいちゃん遭遇報告」の話を何度も聞かされたが、そのたびに、「純粋な子供のうちは一時的にそういうものが見えることもあるのかもね」と答えておいた。

それからしばらく経った日の夜だった。

義父の入院先と仕事先まわりを終えて、実家に子供たちを迎えに寄ったT子さんに、実家の母がこんなことを言った。

「今日はお客さんが来ていたから、ちょっとの間子供たちを仏間で遊ばせてたんだけど、そこに通した途端にノリちゃんがね、『階段のおじいちゃんがおる』って、お父さんの遺影を指さしたのよ」

「ほんとは子供たちのそばで見守りたかったのに、子供部屋の外から様子を見てくれてたんでしょうね。ウチの父、照れ屋なところがありますから」

助手席のおじいちゃん

T子さんの息子、タカシくんとその友達のノリオくんの付き合いは、卒園して公立の小学校に入学してからも続いていた。

その頃にはすっかり見慣れてしまったのか、それとも見えなくなったのか、T子さんにノリオくんの「階段のおじいちゃん遭遇報告」の話が来ることはなくなっていた。

子供たちが大きくなる間に、義実家の親族に大病で倒れる人が続き、本家筋の嫁たちの中でも、自営業で特にフットワークの軽いT子さんは、仕事以外に親戚の用事で呼ばれて外に出る機会が更に増えていた。

（気軽に呼ばれるのは苦じゃないのよ。でも、もう少しみんながお墓の相談にも乗ってくれたらいいんやけど……）

事務所でそんなことを考えていると、携帯電話に知らない番号から着信があった。

「奥さん！　ウチの工場でおたくの旦那が倒れた！」

「ええっ!?」

義実家の病気の順番がついに我が家にも回ってきた、と目の前が一瞬真っ暗になった。

「そ、それで、今うちの人はどこに……？」

絞り出すように問うと、電話の向こうの声が申し訳なさそうなトーンになる。

「それが……すぐに救急車を呼んだんやけど、なんでか今日に限って近場で対応できるはずの病院が、ぜーんぶ受け入れ不可って返事やったらしくて。ようやくこっちに『大阪の医大病院に収容してもらった』って知らせが来たんよ」

「ありがとうございます。それで、病院の電話番号とか住所とかわかりますか？」

行先を確認した後、事務所と隣り合った実家の母に子供たちの世話を頼むと、T子さんは仕事用のミニバンに乗って大急ぎで大阪の医大に向かった。

「あっ、T子さーん！」

スーパーで買い物中に声を掛けてきたのは、ノリオくんの母ヨシコさんだった。

夫の看病で大阪と京都を車で往復する生活が始まってから、ずいぶん久しぶりに親しい人に会えた喜びで、ついつい立ち話に花が咲く。

近況として、T子さんは夫が入院中であることや、当日必死の思いで大阪に向かったことをヨシコさんに話すと、目を丸くして驚かれた。

「あらその日！　やっぱりT子さん一大事だったんですね」

「えっ、どうかした？」

「その日、私とウチの子、信号待ちの時にT子さんが車に乗ってるの見たんです」

「えぇ～っ？　気づかなくってゴメンね！」

「ううん。私も息子から『タカシくんのママの車だ』って聞いてわかったんですもん。運転に集中してはったら余計気づきませんって」

「ノリくんって目がええんやねぇ」

「……というよりは、また、なんです」

普通に相槌を打ったつもりだったのに、ヨシコさんは恥ずかしそうに小声になった。

「T子さんの車に気づいて私に教えてくれたと思ったら、あの子『助手席に階段のおじいちゃんが乗ってる』って」

久しぶりに聞く、ノリオくんの幽霊遭遇報告だった。

「私にはもちろん見えないんですけど。その時、ウチの子が変なこと言うてて……」

「どんな？」

「おじいちゃんが体を運転席の方に向けて、T子さんの顔をジーっとのぞき込んでたんですって」

「えっ⁉」

「子供が言うには『大丈夫？』とか『がんばって！』みたいな感じだったんですって。だからもしかしたら何かあったんやないか……って、ちょっと気になってたんです」

「そうだったの……。ヨシコさん、心配してくれてありがとう」


ノリオくんの言う「階段のおじいちゃん」は、故人である自分の父だ。

実父は、霊的なものが見えなくなってもなお、娘である自分を励ましてくれている。

義実家との関係ではまだまだ苦労が続きそうだが、父の思いを教えてもらったお陰で、T子さんはとても力づけられたのだそうだ。

恐の家族

松永瑞香

看護師。東アフリカ・タンザニアで看護師として活動し、その後現地の呪術師に弟子入りする。それらの経験からアフリカの文化や呪術、病院や海外に纏わる怪談などを語る。映像制作もしており、東京ドキュメンタリー映画祭2022にて「呪術師の治療―タンザニア」が上映されるなど異色の経歴の持ち主。

家族以外のなにか

関東地方に住む平井さんという女性は、幼い頃から先祖代々続く古い民家に住んでいた。この家は平井さんの母方の祖母の家であり、梨《なし》園を経営していた。

祖父は平井さんの母親が産まれたあと戦地へと赴き、祖母は女手一つで子育てと家業をこなし苦労が絶えなかった。そんな祖母は孫である平井さんを溺愛し、暇さえあれば遊んでくれる優しい人であった。そんな祖母のことが平井さんも大好きだった。

平井さん一家が住む家の造りは、古民家ならではの縁側があり、障子《しょうじ》で仕切られた広い畳の部屋が広がる。さらに大きな窓があり開放的な家であるが、家のそこかしこに暗く光の入らない箇所があり、平井さんは子供心に家の中に何者かがいるのではないか、誰かが見ているかもしれない、と怖く感じることもあったという。

とくにトイレに行くためには部屋を二つ通りすぎなければいけないのだが、その突き当たりの廊下には不気味な雰囲気があった。そのため、夜トイレに行く際には、毎度祖母に付き添ってもらっていた。トイレの前で祖母に待ってもらっているのだが、不安になるとトイレの中から祖母を呼んだ。

「おばあちゃんいるー?」

「うん。ちゃんといるわよ」

祖母は優しく声を返してくれるのだった。こんなやりとりが日課だ。

平井さんは一人っ子であったが、祖母は平井さん以外に誰か子供が家にいるような言動や行動をとることがたびたびあった。

幼かった平井さんは、夜になるとこっそり自分の部屋から抜け出し、祖母の部屋に忍び込んで布団に潜り込むことがあった。母親にバレてしまうと怒られるので、祖母と二人の秘密の時間であった。ある夜、祖母の部屋に忍び込むと、

「ああ、お前も来たのか」

と言って祖母は布団に迎え入れてくれるのだが、自分以外は誰もいない。

さらに祖母の布団の隣にはいつも、誰も寝ていない布団が敷かれていた。

祖母と一緒に寝ていると、風もないのに室内の障子がガタガタと鳴ったり、掛け軸が

独りでに動いていたりすることもあった。しかし平井さんは幼心に、「あ、あの子がやっているんだろうな」と、いつしか自分も家の中に見えない子供がいるのだろうと感じるようになっていった。

他にも、平井さんが大事にしていたリカちゃん人形が、片付けておいた場所とは違う場所に置かれていたり、自分が着せた覚えのない洋服に着替えさせられていることもあった。それでも平井さんは、「またあの子だな」と思い、特に気にはならなかった。

「不思議なもので、説明がつかない事象も続いていくと当たり前になっていくんですよ。家も古い家だったたし、何かが居たのかな」

平井さんはここまで、幼少の体験談を聞かせてくれたのだが、話をしているうちにあることに気付いた。

「そう言えば、おばあちゃんは胃潰瘍と糖尿病で入院や手術を何度かしていたことがあるんです。でも、トイレから呼びかけて、返事をもらう習慣が途切れたことは無かったんですよ。今考えれば、誰が返事をしていたんでしょうね」

平井さんの実家は、二十年ほど前に建て替え工事をした。その後は、家の中に誰かがいるような気配は消えてしまったという。

家に憑くのか、人に憑くのか

東京に住む堀田さんという男性は、物心付いた頃から実家の一軒家で不思議な体験をすることが多かった。

家での体験 一

堀田さんには四つ下の弟がいる。小学生の頃、弟と一緒の部屋で寝ていると、何か視線を感じて目を覚ました。

目を開けた先の天井を見ると、そこには天井から半身だけ身を乗り出したおばあさんがこちらを見ていた。それは白く無表情で、自分たちに何かをしようとするわけでもなかった。なんだろう、と思いつつ堀田さんはまた眠ってしまった。

朝起きて、堀田さんは昨晩の出来事は夢か何かだろうと思っていると、あとから起きてきた弟が話しかけてきた。

「昨日の夜さ、おばあさんが天井から身体半分だしてこっち見てた」

堀田さんは自分が見たものが、夢ではなく本当にあったことなのだと知って驚いた。そして、この家には何かいるのかもしれない、と幼心に感じたという。

家での体験　二

この日、堀田さんは家で一人留守番をすることになった。父親の実家が群馬にあり、当時は家族で自家用車に乗って群馬に行くことが多かった。小学五年生だった堀田さんは、群馬に向かうという日に急に出掛けたくないと感じた。

両親に話すと、一人で夜を過ごせるのなら留守番をしていなさい、と家に残る了解を得ることができた。

堀田さんは内心大喜びであった。自由に一人で家を満喫できるなんて滅多にないことである。両親と弟は車で出掛け、堀田さんは家で留守番をすることになった。

その日は好きな事を好きなだけすることができ、大満足で自由な時間を満喫した。夜になり、余韻に浸りながら布団に入り眠りについた。夜中の二時頃、一階の玄関先から聞こえる物音で堀田さんは目を覚ました。

「あれ？　お母さんたち帰ってきたのかな？」

堀田さんは、目蓋《まぶた》は閉じたまま音に耳を傾けた。

音は忍び足で歩いている様子であった。そしてその足音はゆっくりと二階の自分のいる部屋に向かって階段を上ってきているのがわかった。堀田さんは咄嗟《とっさ》に、これは母親に違いないと思った。

母親は普段からイタズラ好きで、こっそりと階段を上がってきては堀田さんや弟を驚かせることが今までもあったのだ。

——きっと、子供一人を家に残していくことが心配になって、父親の実家には泊まらず帰ってきたのだろう。

そこで、堀田さんは逆に母親を驚かせようと考えた。ゆっくりと布団から出ると、部屋の扉の前に立って足音がやってくるのを息を潜めて待つ。足音は階段をゆっくりと上ってきている。階段から少し歩けば自分の部屋なので、こちらに来たら扉を開けてやろうと思案していたのだが、階段を上った足音はこちらに向かって歩いてくる気配がない。

「立ち止まった?」

音に集中していたが、その足音は何故か、堀田さんの部屋には向かってこず、そのまま一階へと下りていった。

「なんだよ、驚かしにきたんじゃないのかよ」

堀田さんは布団に戻り横になった。しかし、しばらくすると、またゆっくりとした足音が聞こえてくる。

不審に思いながら、今度は階段を上り切ったときに、自分から先に扉を開けて驚かせてしまおうと考えた。

何か企みを忍ばせる様なその足音は確実に階段を上ってくる。上り切ったと同時に堀田さんは声を張り上げながら扉を開けた。

しかし、階段へと続く廊下は真っ暗闇であった。そこには誰もいない。

堀田さんは驚いて、そのまま階段から一階を覗くが、電気も点いていなければ、人がいる気配もない。恐る恐る階段を下りて一階の居間を確認したが、誰かが帰ってきたという痕跡はなかった。

嫌な予感がして、すぐに自分の部屋に戻って布団に潜った。すると、またじっとりとした忍び足の音が、二階から一階へと下りていく。

その後、足音は階段をゆっくりと何度も何度も上り下りする。

堀田さんは、意味の分からない現象に恐怖で震えた。部屋に響く時計の秒針の音を聞きながら「早く朝になってくれ！」と祈った。

もう何度この足音を聞いただろうか……。ふいに、上がってきた足音が廊下から自分の部屋に向かってきているのが分かった。布団の中で身体中に嫌な汗をかく。すると、部屋の扉が勢いよく開けられる音がした。音に反応して身体が硬直し、恐怖で動くことができなかった。

堀田さんはそのまま朝まで布団の中で震えていたという。朝方、部屋の中が明るくなったのを確認して布団を出ると、部屋の扉は何者かによって開け放たれた状態になっていた。

家での体験 三

留守番中に聞いた謎の足音に恐怖した日から数ヶ月後、その日は家族揃って夕飯を食べていた。

一階のダイニングからは磨りガラス越しに庭が見える。庭の縁側近くには石畳があり、そのまま家の裏口へと続いている。家の敷地の境には塀がなく、近所の人が庭に入ってくることもしばしばあった。

特に子供はよく遊びにきており、母親は子供たちにお菓子をあげることもあった。

堀田さん家族が夕飯を食べていると、庭の石畳を人が歩く音が聞こえた。

「こんな時間に誰だろうか」とガラス越しに様子を見ると、子供の影が歩いているのが見えた。

子供は裏口の方へと向かっている。知っている子かもしれないと思い、堀田さんは裏口の引き戸を開けに行った。この引き戸は重く、建て付けが悪い。コツを知らないと小さな子供の力では開けることはできないのだ。

開けてみると、引き戸の先には誰もいなかった。

気のせいだったのだろうか、と食卓に戻ったが、しばらくすると、今度は子供の影が裏口から反対の玄関方面へと向かって歩く姿と足音が聞こえる。

近所の子供が来たものの、遅い時間でもあったため声をかけずにそのまま帰ったのだろうと思った。

しかし、しばらくするとまた、足音と磨りガラス越しに子供の影が見える。裏口の方へと行ったので、今度こそはと堀田さんは裏口に走って戸を開けた。

しかしそこにはやはり誰もいなかった。庭に出て声を掛けてみるも、返事はない。

訝《いぶか》しみながらも堀田さんが食卓の方へ戻ると、磨りガラスには子供の影が映り、玄関へと向かっていく。両親もその様子を見ていたが、

「イタズラしにきたんじゃないか？　放っておけばいいよ」

と、相手にしなかった。それから数分後、また同じ事が起こった。

堀田さんはイタズラをやめさせようと、すぐに外へ出るも子供は見当たらない。両親もさすがに怪訝《けげん》な表情をし、

「なんだろう、気味が悪いね」

と話をしていると、足音とともに裏口へと向かう子供の影がまた映る。

今度は家族全員が無言のまま、裏口の方を見つめていると、引き戸が三十センチほど独りでに開いた。

堀田さんは開いた裏口から庭に出て、辺りを探し回ったが、結局誰も見つけることはできなかった。

家での体験　四

子供の影を見たその日以降は、同じような出来事は起きなかった。

しかしその代わりとでもいうのか、堀田さんは原因不明の腹痛に見舞われ、病院に緊急搬送された。大学病院に運ばれ精密検査を受けたが、異常は見つからなかった。

しかし尋常ではないお腹の痛みは続いた。あまりの痛さに脂汗をかき、居ても立ってもも居られない。医者は鎮痛剤のモルヒネを堀田さんに投与したが、それでも痛みが取れなかった。異常な状況が続いているため入院が必要となった。

医者は原因が明らかではないが、扁桃腺《へんとうせん》を取る手術が必要かもしれないと両親に説明をした。

両親は困惑したが、父方の実家近くに霊媒師がいるということですぐに相談に行った。堀田さんがもともと小さい頃から不思議なものを見たり、体験をしていることを知っていた両親は、今回もそういった類が何か関係しているかもしれないと思ったのである。霊媒師は堀田さんの事情を聞くと、自宅に神棚を置き、そこにお線香とお水をお供えするようにと助言した。そしてお供えした水を堀田さんに飲ませるようにと告げた。

自宅には神棚はなかったため、両親はすぐに用意した。そして霊媒師の言うとおり、水を用意しその近くで線香を焚いた。

翌日、堀田さんはお供えされた線香の香りがする水を一口飲むと、すっと痛みが消えていくのを感じた。しかし、半日も経つとまた痛みが襲ってくる。そのため、神棚にお供えした水を飲むことを一週間ほど続けた。

すると痛みは無くなり、扁桃腺の手術をする必要もなくなった。

家での体験 五

堀田さんは十八歳となり大学生になった。そしてその頃、実家の近くで一人暮らしをはじめた。

堀田さんは三階建ての集合住宅の二階の角部屋に部屋を借りた。

部屋の間取りは玄関を入ると、左側に小さなキッチン、右側に四畳半の部屋、そして奥には六畳の部屋が続く造りとなっている。四畳半の部屋にはちょうど大人が立って頭が見える位置に、横長の窓がついていた。風呂場はなかったが、歩いてすぐの場所に銭湯があり不便はなかった。

一人暮らしをはじめて二週間ほど経ったある日、昼間自宅でテレビを見ながらくつろいでいると、鉄の扉をコン、コン、と叩く音が聞こえた。

玄関だと思い、堀田さんは返事をしながら、玄関前に向かった。扉の前で、

「どちら様ですか？」

と声をかけたが返事がない。もう一度声をかけるも、やはり返事はなかった。返事もないし、相手にしなくていいだろうと思った堀田さんは、部屋に戻りテレビを見ていた。

数分後、コン、コン、と扉を叩く音がした。もしかしてずっと待っていたのかと慌てて玄関に行き、もう一度声をかける。しかし玄関先にいるであろう人物は返事をしない。不審に思いつつ玄関を開けてみると、そこには誰もいなかった。

たしかに扉をノックする音が聞こえたと思うのだが、と扉を閉めて部屋に戻ろうとすると、コン、コン、とまた自分の背後で扉を叩く音がした。さすがに気味悪く思った。堀田さんは正体をしっかりと確認するべく、今度は叩く音がした瞬間に扉を開けようと手をかけ身構えた。

――コン

音が鳴った瞬間、扉を開けた。そこには誰もいなかった。

結局、この正体不明の扉を叩く音は三日間続いた。しかし四日目に入ると、それまでとは違う現象が起きた。

その日も家でくつろいでいると、四畳半の部屋にある小窓から人の頭の影が見えた。そして足音と一緒に頭は玄関のほうへと横に移動する。しばらくすると玄関をコン、コンと叩く音が聞こえた。

今度こそは人がいる確信があった堀田さんは扉を開けてみた。しかし結局、そこには誰もいなかった。

それからというもの、人の頭の影と足音、そして玄関を叩く音は昼夜問わず堀田さんの家で起こり続けた。不思議なことに、毎日のように同じ出来事が続くと、さすがに堀田さんも慣れてきてしまった。特に何かが起こっているわけでもなく、ただ扉を叩きにくる何者かがいるだけであると考えるようになったのである。

「それ、面白そうじゃん！　遊びに行きがてら様子を見にいってやるよ！」

そう言って堀田さんの家に遊びにきたのは、同級生たち六人だった。友人たちは菓子や瓶のジュースをたくさん持ち寄り、その日は泊まることになっていた。

人数もいたので奥の六畳の広い部屋で菓子を広げ雑談をはじめる。最近の出来事やこの部屋で起こることなどを話し始めて二時間ほど過ぎた頃、外から誰かの歩く足音が聞こえてきた。それまで談笑していた友人たちは全員黙り、そのまま隣の部屋にある小窓を見つめた。すると玄関に向かう頭部の影が映り、コン、コン、と扉を叩く音がした。

すぐに友人の一人が扉を開けて確認しに行く。

「誰もいないんだけど……何これ」

と驚いた様子で戻ってくる。

すると、足音とともに頭部の影が玄関から離れていく影が見えた。

「こんなの誰かいるに決まっているだろ！」

そういって、他の友人たちもすぐに外に出て確認をしたが、誰一人として見つけることができない。半信半疑だった友人たちも、目の当たりにした現象に困惑していたのだが、その後しばらくは何も起こらなかった。

徐々に緊張もほぐれてきた時、小窓の近くで何かが落ちる音が聞こえた。音がした方を見てみると、本が数冊、床に落ちていた。何かの反動で落ちたのかと思いつつ、本を本棚に戻してまた友人たちと談笑をはじめた。

――ドン

会話が盛り上がるなか、重い何かが落ちる音がまた聞こえた。

すぐに本棚を見ると、先ほど戻したはずの本が床に落ちている。堀田さんと、友人の一人はその落ちる瞬間を見ていた。本が手前に動いて、あきらかに独りでに落ちていったのである。友人と目を見合わせ、

「今の見た？」

「見た！　あれ何？」

今まで部屋の中で何かが起こったことがなかったので、さすがに堀田さんも気味が悪くなってきた。しかし、物が落ちるのはままあることである。

気を取り直して会話を続けていると、今度はキッチンからガシャンと何かが割れる音がする。急いでキッチンへ行くと、今度は皆で飲んでいたジュースの空き瓶が一本だけ割れていた。

割れた空き瓶を囲うように、周りにも空き瓶があったのだが、その中心の一本だけが倒れ、割れ砕けていた。

「これってポルターガイストっていうやつじゃん？　本が落ちたり、瓶が倒れたりするなんて、絶対そうだよ！」

友人の一人がそう言い出した。

恐怖心もあったが、友人たち堀田さんも生で超常現象を見たことに興奮した。気づくと時間は深夜二時を過ぎた頃であった。

さすがに眠くなってきたので、二つの部屋でそれぞれ雑魚寝《ざこね》することにした。しかし、色々な出来事が起きている四畳半の部屋で寝ることを皆が気味悪がった。そこで公平にジャンケンをし、負けた三人が四畳半の部屋で寝ることにした。堀田さんはジャンケンに勝ち、六畳の部屋で寝ることができた。

その日は友人たちが来ていることや、いろんな現象が起こったこともあって興奮はしていたが、すぐに眠気がやってきて朝までぐっすりと眠った。

朝八時過ぎに目を覚ますと、続々と友人たちも起き始める。

しかし一人だけ様子がおかしかった。横になったままぎゅっと目を瞑《つむ》り固まっている。

周りが起き出しているというのに微動だにしない。

さすがに心配になって他の友人たちと彼を揺り起こすと、寝ていた友人は目を開けた瞬間、

「なんで助けてくれなかったんだ！」

と怒り出した。

何を言っているのかと詳しく話を聞いてみると、友人はこう説明した。

夜中みんなが寝静まったあと、自分はなかなか寝付くことができない。

しばらくして違和感を感じ目を開けると、そこには何か影のようなものがあり、自分の顔を覗き込んでいた。驚いて退けようとしたのだが、その影が自分の身体にのし掛かってきて、身動きがとれなくなってしまった。

怖くなって、助けを求めるために堀田さんたちを呼び続けたのだが、誰も気付いてくれず朝を迎えたという。

昨晩からの出来事と友人の金縛りに似た体験により、友人たちは改めて震え上がった。

「もうお前の家には二度と行かない！」

と、この日から誰も堀田さんの家に遊びに来なくなってしまった。

その後もこの部屋では扉を叩く音や、物が落ちたり、倒れたりする現象が続いたので、堀田さんは引っ越しをすることにした。

幸いなことに、引っ越した先では怪奇現象は起きていないという。さらに友人たちも事故や怪我もなく普通に生活を送ることができている。

しかし堀田さんは、あの家で起こった怪奇現象は、実家の裏口を何度も訪ねてきていた不気味な存在と何か関係しているのではないかと考えている。

堀田さんのもとを何度も訪れるものは一体何なのか。家に憑いているものなのか、それとも家から彼自身に憑いてきてしまったのか……。

堀田さんもその理由は分からないという。謎の影は堀田さんを今も追いかけているのかもしれない。

タイのタワーマンションで

東京に暮らしている関口さんは、ご主人の仕事の関係で四年ほど東南アジアのタイに住んでいたことがある。これはそのタイでの出来事である。

タイに赴任中、関口さんは二人目の子供を妊娠していた。一人目の子供もまだ小さく、家事と育児のためにタイ人の家政婦を雇っていた。当時住んでいた家が手狭となったので関口さん一家は新しい家に引っ越すこととなった。

新しい家はその地域でも有名な円柱型のタワーマンションであった。ここは外国人向けであり、現地の人はほとんど住んではいなかったが、元より地域住民はここに近付きたがらなかった。その理由は、このマンションにはピーがいるからだという。

ピーとはタイ語で「幽霊」を意味する。関口さんの家政婦も、このマンションは嫌だと言った。しかし、なんとかなだめ仕事を続けてもらっていた。

ある日、関口さんの友人が新居に遊びにきた。マンション前で待ち合わせをし、いざエントランスに入ろうとすると、その友人の足が止まる。振り返ると、さきほどまで朗らかに話していた友人は暗い顔をしている。友人は「入るなという圧がすごくて……」ともらすと、気分が悪くなりそのまま帰ってしまった。

関口さんは、幼少期から霊感のようなものがあった。いるはずのない人影が見えたり、親族が亡くなったときには、枕元にその人が現れたこともあった。

しかし、このマンションではそんな気配は全く感じていなかった。「友人や、現地の人、家政婦が言う、ピーは本当にいるのだろうか」そう疑問に思いながら、ここでの生活は続いた。

そんなある日、関口さんが家事をしていると、家鳴りが起こるようになった。気温や湿度の変化により家を支える構造体が軋むことで起こるとされているが、今まで鳴っていなかったものが鳴る。そんなことが日に日に増えていく。

さらには不審な音も聞こえるようになった。

ドン、ド、ドドドド――

まるでゴルフボールを床に落としたような音で、何度かボールが跳ねて転がるような音が天井から聞こえてくる。関口さんは上階に住む住人がゴルフでも始めたのかと思った。しかし上階の住人に尋ねてみるも、ゴルフなんてしておらず、家にボールすら置いてないと言われてしまった。

相変わらず、天井から鳴る音は続いていた。家鳴りと天井からボールの落ちるような音は家中で鳴り続いていたが、次第に慣れてしまったのか、関口さんはその音が徐々に気にならなくなったという。

「ぎゃーーーーーーーーーーーー」

ある夜、寝室で休んでいた関口さんは耳を劈《つんざ》く声で目が覚めた。

別室に居る子供が激しく泣いて助けを求めている。家政婦がすぐに子供の部屋に向かうと、子供は部屋の隅で泣きじゃくっていた。遅れて関口さんも部屋に入り、どうしたのかとたずねると、子供は部屋の天井を指差して、

「あそこに顔の真っ青の女の人がいる！」

しかし、子供の指差す場所には何もいない。泣き震えている子供の状況に困惑していると、家政婦はすぐに、

「これは絶対にピーです。明日朝早く、この子をお寺に連れていきましょう！」と真剣な表情で関口さんに告げた。関口さんもこの気迫に押され、翌日の早朝に近所のお寺へと向かうことにした。

寺に着き事情を説明すると、僧侶は経を読み、香を焚いて子供の身体全体に煙を纏《まと》わせるようにかけた。日本でいうお祓いのような効果があったのか、そのあと子供の様子は落ち着いた。

しかし、関口さんはこのマンションで起こる不可解な現象に、生活を続けるのは難しいかもしれないと感じるようになった。そしてご主人とも相談し、他の家に引っ越しをすることにした。

すぐに物件を見て回ったが、条件のいい物件が見つからない。ここならいいかもしれない、と思った物件もいざ入居の手続きをしようとすると、書類の不備で審査が下りない。また、管理者が突如音信不通となって、契約が結べないなどのトラブルが続く。

こんなにも引っ越し先が見つからないなんてことがあるだろうか、と関口さんは家政婦に不満をこぼした。すると家政婦は当たり前だと諦めたような顔で言った。

「だって、あなたたち、ピーに気に入られていますから。そういった人たちが此処から出ることは難しいですよ」

実は、家政婦はタワーマンションでのピーの噂話を住人からよく聞いていたという。例えば、上階に行けば行くほどピーの影響が強く、無数のピーが住み着いている。とある階の主人は、夜寝ているときにピーに首を絞められた、などである。

さらに最上階の住人は部屋を借りているものの、「気味が悪い」とほとんどこのマンションには戻らず、他の家で暮らしているという。

ボールが落ちるような音も、現地の人からすると、ピーが現れる前触れとして、起こる現象の一つなのだという。

関口さんは家政婦からそういった話を聞かされ、はじめて自分たちの住むマンションの異常さを感じた。

たしかに家鳴りの音も尋常ではない。なぜそれに慣れてしまっていたのか。考えれば考えるほど、自分がマンションにいるピーに好かれているという点に合点がいった。

関口さん一家は半ば強引に別の家の契約を結び、そのタワーマンションを逃げるように後にした。

幸い、その後、関口さん一家は何事もなく生活を送ることができた。
現在もそのマンションはタイのある地域に存在している。

継ぐモノ

「呪術」という言葉を聞くと、皆様は何を想像するだろうか。

呪術は、超自然的な力を借りて、自分の願望を引き起こすことを目的に使われる。日本で有名な呪術といえば丑《うし》の刻《こく》参りが容易に想像できるだろう。痴情のもつれや人間関係の怨恨などにより、相手を苦しめ、排除したいという思いから、藁《わら》の人形に釘を打ち負のエネルギーを相手にぶつける。

一方で負のエネルギーだけでなく、自分の身を守りたい、相手を守りたいといった場合にも呪術は使われる。身近なものといえば御守りが挙げられるだろう。呪術は古臭く、迷信めいたものと思われてしまいがちであるが、意外にも私たちの生活には呪術が取り入れられている。

呪術の持つ効果のほどは不明であるが、人形に釘を打つことや、合格祈願のために御守りを授かるなどの行為は、自分の思いを形にすることができる。形にすることで、恨みや不安な気持ちの思いを晴らす。このように、呪術により人の心が昇華されるのであろう。

日本だけでなく、海外にも呪術は無数に存在している。日本から約一万キロ離れたアフリカ大陸、東アフリカに位置するタンザニア連合共和国では、治療としての呪術が存在し生活に密着している。

例えば、生活の中で何か不可思議な出来事が起こると、人々は呪術師のもとを訪れる。今まで健康だった子供が急に体調を崩してしまい、病院に行っても原因不明で治療ができない。そんな時に、家族は呪術師を頼るのである。呪術師は、その原因が隣人からの呪いであることを明らかにすると、それを解くための呪術を施し子供を治療していくのだ。

呪術の理解には、それを読み解くための仲介人、つまり呪術師が必要である。呪術師を名乗るためには、特別な免許が必要であるというわけではない。しかし、呪術師は誰もがなれるというものでもない。ほとんどの呪術師は家系的に代々その術を引き継いでいくことが多い。

呪術師マリアムの場合

タンザニア南東部の僻地《へきち》に人口九万人ほどの町がある。都心部からは遠く離れ、隣国との国境に位置する。

道路は主要道路の一部が舗装され、その他はアフリカ特有の赤土を固めただけの簡素な未舗装の道が広がる。この村ではマンゴーの木やカシューナッツの木、椰子《やし》の木が生い茂り、主食のトウモコロシ畑が広がっている。

水道は整備されておらず、水は雨水を貯《た》めた井戸から汲み、頭にバケツを載せて家まで何往復もする必要がある。電気は徐々に設備が整ってきているのだが、依然として停電が多く蝋燭《ろうそく》や充電式の懐中電灯などの常備が欠かせない。さらにガス管も通っていないため、炭を使って料理をする。

赤道近くの国なので日中は日差しが強く、多くの人が木陰に座って休憩がてら、今日の出来事や最近起こった事件などを語り合う。その中で呪術の話題が挙がることもしばしばあるのだ。

この町の外れに、マリアムという女性の呪術師がいる。彼女の家は代々呪術師の家系であり、マリアムの母親も祖母も呪術師として村の人々の治療を行なっていた。特に、女性の不妊や健康面、子供の痙攣《けいれん》の治療に優れていると、町で評判の呪術師である。

マリアムは子供の頃から母親の呪術を手伝っていた。呪術の治療は、主に森の中に自生している植物を使い、患者に合わせて薬を調合していく。

植物に関する知識はもちろん持ち合わせているのだが、それに加えて、マリアムの母親は時折独り言をいいながら植物を採取していた。誰かと会話をするように、植物を厳選し採取していく。マリアムにとってはどの植物も同じように見えた。しかし、母親は決まり事があるかのように、ぶつぶつと何かを呟きながら植物を吟味するのである。

「ねぇ、お母さん、誰と話しているの？」

「これはね、自分のジニ（jini：精霊）と会話しているのよ」

母親は自分に憑いている精霊と会話をしているのだと答えた。この精霊は、採るべき植物がどれで、どのくらいの量が必要かを助言するのだという。マリアムも見様見真似で薬を作ってみたが、母親のように効果のある薬を作ることはなかなかできなかった。

そんな母親の治療はよく効くと、連日多くの患者が彼女のもとを訪れた。しかし、町の人々全員が治療代を払える者ばかりではなかった。次回払うと言って、そのままお金を払わない者や、そもそも払うお金もなく治療にやってくる者も少なくなかった。

マリアムたちの家計は裕福ではなかったが、母親は嫌な顔をせず、そういった人々の治療も施した。

そんなある日、母親が病いに罹《かか》り床に臥《ふ》せてしまった。町にある病院に連れていき検査をしてもらうが原因が分からない。さらに信頼のおける呪術師のもとに母親を連れていくと、その呪術師は母親に呪いがかけられていると言った。

マリアムは病院から処方された薬や呪術師からもらった薬を使いながら、母親を看病した。しかし、その甲斐も虚しく、母親はどんどんと衰弱していった。

母親の身体は痩せ細り骨が浮き出ていく。それにもかかわらず、お腹だけブクブクと膨れ上がっていくのだ。呪術師曰く、これが呪いの影響だという。

なんとか回復して欲しいと、看病を続けていたマリアムだったが、ついに母親の呼吸が浅くなっていくのが分かった。

――もう最期が近いかもしれない。

諦めたくはなかったが、マリアムは親族を集めて母親との別れの時間を作ることにした。遠方に住む親族もすぐに駆けつけ、一人ずつ母親との時間を過ごした。全員との挨拶を終えると、母親はマリアムを一人、部屋に呼んだ。

マリアムは最期の別れかと思うと辛く、多くの言葉を投げかけた。しかし母親は一言も返さず、ただ、まじまじとマリアムの目を見つめるだけである。苦しくないか、何か食べたいものはないのか、いかないでほしい……。

目には涙が溢れ、マリアムは声にならない声を漏らしながら母親に抱きついた。それでも母親は一言も喋らない。そして、自分の右手をマリアムの目の前に差し出してきた。マリアムはその差し出された手をそっと握った。すると母親はそのまま息をひきとったのである。

その日を境に、マリアムは自分の頭の中で誰かの声が聞こえるようになった。

——アムカ、アムカ、(Amuka, Amuka：起きろ、起きろ)

マリアムはこれが精霊の声だということが分かった。母親に憑いていた精霊が、今度は自分の番だと乗り移ってきたのだという。それからマリアムは母親の呪術を受け継ぎ、今も村の人々の治療にあたっている。

そんな彼女もまた森へ入り、ぶつぶつと何かを呟きながら植物を吟味するのである。

呪術師ゼーナの場合

この町には、もう一人有名な女性の呪術師がいる。彼女の名前はゼーナと言い、彼女も精霊を身体に宿しながら呪術を行う。彼女が呪術師になった経緯はこうだ。

ゼーナの祖父は呪術師であった。祖父の呪術は蛇の毒や、かけられた呪術を解くことに長けていた。ゼーナは幼い頃から祖父の呪術を手伝っていたが、成人して他の仕事に就いてからは、故郷から離れて生活を送っていた。しかし、祖父が亡くなったあと、彼女の身に異変が起こったのだ。

どこからともなく、頭の中で誰かが自分に語りかけてくる。その声のため夜は眠ることもできず、家を飛び出し、放浪するようになった。

朝方には家に戻ることができるのだが、記憶が曖昧《あいまい》で身体は疲れてはボロボロになっていた。病院で治療を受けるが良くならず、就いていた仕事を早々に退職し、故郷に戻って療養することになった。

しかし、家に戻っても症状は治まらず、さらに衰弱していった。見兼ねた家族はゼーナを信頼のできる呪術師のもとに連れていった。すると、呪術師はこう言う。

「この子には精霊がとり憑いている。この精霊を治めないとこの子の病気は治らない」

ゼーナは呪術師のこの言葉を聞く前から、自然とそれを理解していた。なぜなら自分に語りかけてくる声の主は、自分の祖父に憑いていた精霊だと自ら仄《ほの》めかしていたからである。

祖父の精霊を引き継ぐということは、自分も呪術師となることを意味する。まさか自分がそうなるとは思ってもいなかったが、もう腹を括《くく》るしかなかった。

この精霊を治めるためには大掛かりな儀式を行う必要がある。おおよそ一週間行われ、その間は精霊が望むものを捧げなければならない。さらには儀式を執り行う呪術師への謝礼もそれなりの金額となる。親戚同士で資金を出し合うことで儀式を執り行うことが決まった。

儀式が始まると、ゼーナは毎日精霊のための祈りを捧げた。祈りの最中には意識が飛び、身体が勝手に動いてその場を離れてしまう。その度に呪術師はゼーナに語りかけ、なんとか正気を取り戻した。

儀式の最終日、親戚や他の呪術師が集まり、夜通し精霊のために歌い踊る。そして、精霊が望む食事が振る舞われた。儀式の間、ゼーナはライオン、蛇、マサイの戦士、視覚障がい者、乞食などの多くのものたちに憑依された。憑依される度に、その者が欲するものを捧げ踊りが行われる。朝方になり儀式の終盤となると、ゼーナにとり憑いていた精霊は自分の本来の名前を明かした。ゼーナはその名前を名乗ることで呪術師としての力を手に入れることができた。

その後、ゼーナは薬を作るべく、一人で森の中に入っていった。その森は、一般人が無断で入ることは許されていない森である。なぜならそこは原生林として、精霊や動物が多く住む場所であり、一人で入ると戻ってくることが困難であると言われているからである。

森の中に入ったゼーナは、頭の中で語りかける声と共に、植物を採り無事に森から帰ってきた。森から戻ると薬を調合し、親戚や近所の人々にその薬を振る舞う。ゼーナはそのあと体調を取り戻し、町の中で呪術師として認められた。

彼女の作る薬の一つで有名なものが、身体を守るための呪術である。それはタカトゥカ（Takatuka）と呼ばれ、瓢箪《ひょうたん》に入れて作られる薬である。身体に傷を付けて呪薬を塗り込むことで、敵から撃たれた銃弾を水に変えてしまうのだという。
これは植民地時代に起こった反乱「マジ・マジの乱」(マジはスワヒリ語で「水」という意味)でも使用された呪術である。彼女はその術を引き継ぎ、今も多くの人々の支えとなっている。

タンザニアの呪術師たちのほとんどは、先祖代々精霊を引き継ぎ、呪術の力で治療を行っている。この精霊は、自分の要望が通らないと人間に悪さをしてくるのだが、一方で、満足すれば力を貸してくれる面も持ち合わせている。幸か不幸か、それは先祖代々家に伝わっていく呪いの一つなのかもしれない。

会いたい

　京都の病院で働く男性の浜岡さんは幼少の頃、「兄貴」と慕う従兄弟がいた。兄貴の母親、つまり叔母は教師をしており、家の帰りが遅かった。そのため、兄貴は浜岡さんの家に預けられることが多かったのである。

　浜岡さんが中学二年生の頃、叔母がくま膜下出血で突然この世を去ってしまった。残された兄貴は、浜岡さんの家での生活に慣れているということもあって、そのまま一緒に生活を続けることとなった。

　そんなある日、兄貴が浜岡さんにこんなことを切り出した。

「なぁ、風呂場でオカンの名前呼んだら出てきてくれっかな？」

　何かのテレビ番組で幽霊が見られるという方法を知ったらしい。幽霊の類が苦手な浜岡さんであったが、兄貴のその提案に乗り、一緒に風呂場にいって叔母の名前を呼ぶことにした。

「暗くした方がいいらしい」

兄貴はそんなことを言い、風呂場の電気を消して母親の名前を呼ぶ。浜岡さんも一緒に名前を呼んでみたが、叔母の姿はどこにも現れなかった。

「そんなわけないよな……」

そう言って兄貴は風呂場を出て、洗面所の電気を点けた。

浜岡さんも兄貴に続いて風呂場を出ると、洗面台の鏡越し、柱の横に叔母らしき姿が見えた。驚いて、すぐに兄貴の方を見ると兄貴もその姿を見た様子で驚いていた。

「まじかよ……」

すぐに叔母らしき姿は消えてしまったが、鏡に映ったあの人影が本当に叔母の幽霊だったのか、いまだに分からないという。

見守り

薬剤師で怖い話が大好きだという森川さんは、小さい頃から家族と一緒に怪談話や心霊番組を楽しんでいた。家族の皆が怖い話を好きなため、お盆近くになると「人影を見た、誰もいないところで服を引っ張られた」と言って、ご先祖様が帰ってきているのかもしれないと盛り上がっていた。

そんな森川さんが子供の頃、ある夏の夜に同居する祖母と一緒に川の字で寝ていた。森川さんは夜中に尿意で目を覚ましたのだが、同時に喉の乾きも覚えた。トイレに行きがてら、水を飲んで扇風機で涼もうかと起き上がると、横で寝ている祖母に何か違和感を覚えた。

よく見ると、祖母の枕元に誰かが立っている。白い着物を着た、透き通る肌の綺麗な女性が立っていたのだ。

「幽霊がでたーーーーー！」と、心の中で叫び、森川さんはすぐに布団に潜り込んだ。恐怖のあまり誰かに抱きつきたい衝動にかられたが、幽霊が枕元にいる祖母に抱きつくことなどできない。もう一度その女性を見る勇気もなかったため、夢だと思い込んで布団をかぶったまま目を固く瞑った。気付くと朝になっていた。

あの女性は夢だったのだろうか。昨晩のことが妙に鮮明に思い出され、祖母にこのことを話そうかと迷ったが、祖母は家族のなかで唯一幽霊を信じない人であった。さらに厳しい人で、子供を甘やかすタイプでもなかった。

しかし、森川さんはどうしても気になったので、昨晩あったことを、恐る恐る祖母に打ち明けた。信じてもらえないだろうと思ったが、そんな森川さんの予想とは反して祖母は、

「あぁ、だって昨日はそうよね。……そう、会いに来たのね」

とその話を受け入れたのである。

詳しく話を聞いてみると、昨日は祖母の母親、森川さんにとっては曽祖母の命日だったのだという。

「曽祖母《おかあさん》はね、二六歳で亡くなったのよ。死んだ人の写真は縁起悪いって全部捨て

ちゃったけど、今も覚えてる。

めちゃくちゃ美人だったのよ。だから曽祖父《おとうさん》は再婚もしなかったのよ。白装束って

ことは亡くなったときの格好ね、幽霊は幽霊なんだろうけど。出てくるんだったら私を

起こせばいいのに、あんたを驚かせてどうするのかしら」

と、笑った。

成長し、大人になった森川さんは、墓参りに行くたびにこの話を思い出すという。

曽祖母は、九〇歳を超える祖母を今も見守っているのかもしれない――と。

見守り2

愛知県に住む美智子さんという女性は、実家が名家で、大きな屋敷に住んでいた。家の中には数多くの部屋がある。その中でも、とある一室を美智子さんは子供の頃から気に入っていた。

幼い時分には、親からその部屋で遊ばないようにと再三注意を受けていた。しかし、美智子さんはその部屋で一人、遊ぶことが多かったのである。

どんなに注意してもその部屋で遊ぶ美智子さんに両親は聞いた。

「どうしてそんなにあの部屋で遊ぶのが好きなの？」

「だって、おばあさんが遊んでくれるんだもん」

まだ小さかった美智子さんは、このように返したという。続けてどのような遊びをするのかと尋ねると、あやとりやお話をするのだという。

美智子さんは成長するにつれ、そのお婆さんの姿を見なくなり、この記憶も薄れていってしまった。

美智子さんが高校生となり、その部屋を自分の部屋として使い始めると、不思議なことが起こった。

朝起きるのが苦手な美智子さんは、目覚まし時計が鳴ると、それを止めてまたすぐに寝入ってしまう。しかし、しばらくすると誰かが布団をめくって「起きなさい」と声をかけて起こしてくれる。女性の声なのだが、母親の声ではないし、母親に尋ねてみても起こしに来ていないという。

この会話を聞いていた父親は、

「あぁ。まだいらっしゃるのかな」

と漏らした。

父親が初めて教えてくれたのは、美智子さんが使いはじめたあの部屋は、もともとある女性が使っていた部屋であった。そこは昔、祖父が面倒を見ていた身体の弱い女性が住んでいたという。つまり祖父の妾《めかけ》が住んでいたのだ。父親は続けてこう語った。

「彼女は子供が好きでね。美智子はもう忘れたかもしれないけど、お前が子供の頃、その人と遊んだって言ってたんだよ。その頃にはもうとっくに亡くなっているし、そんなわけないかもしれないけど、あやとりとかお話をしてもらったって。もしかしたら孫だから今もお前の面倒を見てくれているのかもしれないな」

これを聞いて美智子さんは、子供の頃に遊んでもらった優しいお婆さんの姿を思い出した。その後もその部屋で、布団をめくって起こされることは続いた。

大学に進学した美智子さんは、実家を出て一人暮らしをすることになった。しかし、その下宿先でも同じように起こされることがあった。実家のあの部屋のお婆さんが、自分のことが心配で憑いてきているのかもしれない、と美智子さんは思った。

進学した大学は薬学部であった。現在、薬学部は六年制であるが、美智子さんが通っていた時代は四年制で実習や講義が連日続き忙しい大学生生活であった。課題も多く夜遅くまで起きていることも多かった。その影響か美智子さんは講義中もよく居眠りをしてしまっていた。

そんなある日、親友の森川さんからこんなことを告げられた。

「この前の講義中にさ、美智子寝てたじゃん？　起こそうと思ったんだけど、美智子の隣に腰の曲がったお婆さんが立ってるのが見えて、すごいびっくりしちゃった！　まぁ、見間違いだと思うけどね。お婆さんが美智子のこと覗きこんで見てたんだよ」

森川さんからこの話を聞いた美智子さんは、すぐにお婆さんのことを思い出した。容姿や雰囲気を聞いてみると、やはり自分の知っているあのお婆さんであった。

大人になってからは姿を見ていなかったので、お婆さんを見たという森川さんを少し羨ましく思った。それと同時に、お婆さんにあまり心配をかけてはいけない、と改めて自分を律したのである。

それから時が経ち、美智子さんは結婚をして子供二人を授かった。

ある日、子供を連れて美智子さんは実家に里帰りをした。すると、自分の子供たちは美智子さんが使っていた部屋を遊び場にした。そして子供たちは、

「おばあちゃんと遊んできたよ！」

と美智子さんに無邪気に話したという。

恐の家族

岩井志麻子

岡山県生まれ。1999年、短編「ぼっけえ、きょうてえ」で第6回日本ホラー小説大賞を受賞。同作を収録した短篇集『ぼっけえ、きょうてえ』で第13回山本周五郎賞を受賞。怪談実話集としての著書に「現代百物語」シリーズ、『忌まわ昔』など。共著に『凶鳴怪談』『凶鳴怪談 呪憶』『女之怪談 実話系ホラーアンソロジー』『怪談五色 死相』など。

焦熱極楽家族

岡山県の温暖な瀬戸内海の近くに生まれた私は、子どもの頃から寒がりだった。

その気候のような家庭で育ったのに、なぜか将来は怖い物語を書く人になりたいと願った。できれば、暖かい地で。気がつけば、東京で怖い物語を書く人になっていた。

東京は南国ではないが、怖い物語による収入で南国を旅行できるようになった。

最初に行った南国は、二十二年も前のベトナムだ。現地に愛人もでき、永遠の夏休みを手に入れたと蕩《とろ》けた。そこから始まり、近隣の南国を巡っては怖い物語を書いた。

そうして数年前から突如として、私の中にシンガポールのブームがやってくる。

旅する際さらに気分を盛り上げようと、世界各国を放浪した詩人、金子光晴《かねこみつはる》先生の『マレー蘭印《らんいん》紀行』や自伝三部作を持参し読んでいるうちに、はまったのだ。

だが新型肺炎の蔓延で、海外旅行がほぼ二年以上も禁じられた。引きこもりを余儀なくされた時期、改めて金子先生の紀行文に逃避し、溺れた。金子先生から着想を得て、シンガポールの怖い小説もいくつか書いた。

シンガポールといえば、マリーナベイサンズに代表される派手な高層ビルなどで、きらびやかなイメージを持つ方が多いだろう。しかし、光あるところには必ず影もある。たとえばガイドブックにはあまり載らない町、ゲイラン。ここは、政府公認の風俗街がある。近隣の途上国の女性が、ちゃんとそのための査証をもらって出稼ぎに来ている置屋には、きっちり管理のための番号が振られ、定期的な性病検査も義務付けられている。

彼女らとは別に、店に所属せず路地に立ち、個人で客を引く女達もいる。彼女らもだいたいが、近隣の途上国から来ているようだ。

私がまずゲイランに行ったのは、ノーサインボードなる海鮮料理の本店が目当てだった。チリクラブに惚れて通ううちに、猥雑な下町そのものが居心地よくてたまらなくなった。

私は二十年以上も歌舞伎町に住んでいるが、どこか似た空気感が落ち着くのだ。

去年の夏、やっと海外旅行に行けるようになると、真っ先に二度目の夫がいる韓国でも愛人のいるベトナムでもなく、シンガポールに飛んだ。そして、ゲイランで怖い人に会った。最初その路地裏にひっそり立つ怖い人を、いわゆる立ちんぼと見た。

ところがすれ違った刹那《せつな》、その人は私の名前を呼んで日本語で話しかけてきたのだ。五分も経たないうちに、私達は近くの食堂で田鶏《ティエンチー》と呼ばれる蛙《かえる》料理を食べていた。

以下、その怖い人の語った怖い話を書き起こすが、本人や関係者、場所などを特定されないよう、まずは人物名はすべて仮名にする。その背景、場所や建物の特徴などにも、若干の脚色を加えてあるのをおことわりしておく。

※

ママもあたしも婚外子で、ママは親を知らない子だったから家族が欲しくて、妻子ある男との間にできた子でも産んだんだって。それ聞くと泣けるけど、ママが本当に欲しかった家族は夫と呼べる男で、そいつを引き留めるためにあたしを産んだわけ。

本名は千春《ちはる》だけど、芸名は何度か変わった。そう、あたしには芸名なんてものがあった。ここに来るまでは、ママがあたしをアイドルにすると、特別な環境に置いてた。

そんなあたしの家は紺碧《こんぺき》の海を見降ろす白亜のお城とか、砂漠の果ての金色に輝く宮殿とかいいたいけど。一応は都内の、でも外れにある木造の安アパートよ。

新型肺炎、通称コロナも、ほとんど記憶がない。コロナ以前から、ずっと家にいてママとしか会ってなかったから。テレビも観られず、スマホも持ってなかったの。

アパートは、畳の二間に板張りの台所。でもあたし、ママの部屋には入れなかった。あたしの部屋は窓にもママが板を打ち付け、開けられないようにしてあった。

「変な奴が千春を狙って忍び込んだり、さらっていくかもしれない」

ママは玄関だけじゃなく、部屋にも外からかかる鍵を取り付けていた。靴箱にもよ。外出の際は、完全にあたしを閉じ込めていくの。でもあたし、守られていると信じていた。

「千春。怖いものと愛するものには、疑いを持っちゃダメよ」

あたしの部屋にはDVDプレイヤーと本棚があったけど、許されたのは子ども向けの物ばかり。台所のテレビは、ママだけが観てた。汚れた大人の世界の情報は、すべて禁止。

ママはスマホ持ってたけど、あたしはママとの連絡用の古い携帯電話。ママはこれにも制限かけてた。でも、いじっていたらロックを外せた。それは内緒にしてた。

「千春。怖いものと愛するものには、疑いを持たれないようにしなさい」

あたし、いつも子どもみたいなパジャマを着させられて、普通の服も持ってなかった。

ふっと窓の隙間から潜り込んでくる毒虫みたいに、ときおり嫌な声が聞こえたわ。

「お前、いやらしい仕事してんだってな」

「うちの親も、あんた以上にあんたの親がおかしいっていってるよ。キモッ」

あの頃はいじめられても何もいい返せず、ついにまったく学校には行けなくなった。

ママに連れられていく、仕事も忙しかった。幼稚園の頃からしてた、あの仕事。

千春じゃない、別の名前。ママやその周りの人達にいわせれば、アイドル準備段階の仕事だって。仕事場に来てたパパも、今しか稼げない、みたいなことといってた。本当にパパなの、とも聞けなかった。パパに怒られるんじゃなく、ママを怒らせるから。

「じゃ、営業に行ってくるね。千春の華々しいデビューに向け、二人でがんばろう」

アイドルとしての仕事、ママが取ってきたことなんか一度もなかった。いつまでもママと夢を見られたから、それでよかった。あたしには、ママはただ一人の家族だったから。

祖父と間違われるパパには、昔から別の家庭があった。ママは妊娠したとき十六歳。たいていの男は若い女が好きだけど、パパは若すぎる女が好きだった。ともあれパパの奥さんはママの妊娠を知っても、絶対別れないと意地になったんだって。

「哀れな女よ、愛されない女って」

パパの奥さんのことなの、自分のことなの。聞けるわけない。答え、わかってたし。

パパはママをなだめるために、コスプレ衣装みたいなウェディングドレスとタキシードで記念写真を撮ってた。お腹の中にいた私は、羊水の中で恐怖に叫んでいたかも。

美しく修整もされず、誰かを冷徹に消去もせず、記憶の中では色褪《あ》せることもない、禍々《まがまが》しい家族の肖像。何度かママに見せられて、そのたび吐きそうになった。

「妊娠を告げたときは悩んでたのに、出生前診断で女の子とわかったとたん、産んでくれって喜んだのよ、パパ。千春がもし男の子だったら、生まれてきてないわ」

そんなママとの暮らしの中に、元アイドルが入り込んできた。志麻子さんは同世代よね、中村アサコ。突然、携帯にライン申請が来た。全盛期は知らないけど、名前は知ってた。

あたしはラインIDを、例の昔の芸名にしてたの。一か所くらい、あの名前も残そうと。忘れたいけど、徹底的に消したら今の私もなくなりそうで怖かった。

だからたまにID検索した昔のファンが、申請してくるときがあったの。ほぼエロ目的の男なんでみんな即ブロックなのに、アサコさんだけはついに来た本物、と直感した。

でも、ママには内緒。ほら、あたしはいわば一神教の信者。別の神様は、お家の中に祀《まつ》れない。でもアサコさん、画像はくれずず電話もダメ、ずっと文字だけのやり取りだった。

『素顔の普段着で人には会えない。でも私は二十代の頃から、変わりないと評判よ』

ネット上にも、今現在の画像は皆無といっていい。全盛期の、往年の、といわれる輝く若さと美貌のそれだけ。そんなアサコさんはなぜか必ず、あることを確かめてくる。

体型は変わりないか、って。あたし子どもの頃はかなり小柄といわれてたんで、ずっとそのつもり。あ、今、志麻子さん微妙な顔したね。うん、いいたいことはわかるよ。

アサコさんはとても華奢で小柄で、アイドル時代も今もまったくサイズが変わらないと自慢するから、あたしとぴったり同じサイズですね、なんて答えてしまった。

『あ、ハリウッドスターのジョニーがプライベートジェットで来たわ』

いつも突然こういうの送ってきて、しばらく音信不通になるの。本人は堂々と、今も自分は第一線で活躍中というけど、現実には引退状態で、三十年くらい表に出てない。中村アサコは完全に頭おかしくなっている、とネットでは評判になってるよね。

あたしは心酔しながらも、どこかで哀れんでもいた。可哀想な童話の主人公みたいに。

アサコさんとつながっても、嫌な懐かしさもある夢は見ていた。

繁華街の外れにあるそこは、撮影スタジオ。昔の名前で呼ばれる小さなあたしが身に着けているのは、ほぼ紐みたいな水着。周りの大人の指示通り、セクシーなポーズを取る。

「こうすると、ファンのみんながイイネイイネしてくれるの」

ママを喜ばせたい一心で、やり遂げた。物陰から覗く、にやけたパパのためじゃない。

「いずれテレビで活躍するアイドルになるんだから、がんばろうね」

「あの中村アサコだって、こういう仕事からスタートしたんだよ」

そうだ、とうに過去の人、あの人は今、ですら取り上げられなくなっていた昔のアイドルの名前に覚えがあったのは、あそこで聞かされたからだわ。

ママが帰って来て、千春、と今の名前を呼ぶ声で、悪夢から覚めたのに。天井にパパがいた。パパ、死んだ人の目をしてた。どうして、あたしはママ助けてと叫ばないの。

もうとっくに、わかってたね。ママは決して、助けてくれないって。

死んだ目をしている小さなあたしに、死んでいるはずのパパが覆いかぶさってくる。冷たいパパが、あたしの中に入ってくる。あたしも、死ぬのかな。

痛い、痛いよ、パパやめて。必死に手足をばたつかせ、全身の力を振り絞って叫んだわ。叫んだはず。だって、ふっと体からいろんなものが抜けて自由になれた。

台所に行くと、食卓に座るママの顔の横に、電源を入れてないテレビがある。雑多な物が詰め込まれたカラーボックスに、不安定に乗っている。食卓には、いつものようにコンビニのおにぎり、パック入り総菜。ママが飲む、安いワインのボトル。

「ママ、結婚したい人がいるの。ママの過去は、すべては話してないんだけど」

電源の入ってないテレビ画面が、目の眩むような光を発したのが見えた。

「ただ、その人もまだ離婚が成立してないの。ママのために、裁判もしてくれるって」

そんな男ばっかりだね、ママ。でもママは必死に、あたしにではなく自分自身に向けて言い訳と弁護をする。それ、夢を見てる、ってのとは違う。現実から逃げてるだけ。ママ、あたしを売り込む営業にと出ていっては、実はその人と会ってただけなんじゃないの。

「彼ね、ママと結婚して外国で仕事したいんだって。ママもみんな捨てて、人生リセットしたい。それでパスポート申請して、今日もらってきたの」

ママ、邪魔なあたしを捨てるって、はっきりいったも同然よ。

「千春は優しいお医者さんや看護師さんが面倒を見てくれるし、友達もできるわ」

その瞬間、ママの顔の横のテレビが再び光った。あたし、前にもそんなふうにいわれた。

脳の深い所に沈んでいた記憶が、次々にテレビに映し出された。十三歳から二十六歳まで、ある施設にいたわ。すべてのっぺりした建物、部屋。影法師だった職員達。

「ここは更生施設であると同時に、あなた達のもう一つの家族、お家でもあるのです」

違うよ。暗いテレビ画面に次々と、医療少年院の場面が映し出された。いちいち、色鮮やか。いるときは、無彩色だったのに。そして覚えているのは、殺人者ばかり。

ママが、ゴム製のお面みたいになった顔で何かいってる。ときおり、幼い頃のお仕事の場面が挟みこまれる。ロリータのモデルは、何もかもつるつるでなきゃいけない。そこそこ人気だったあたしも、あっという間に成長して、仕事がなくなっていった。

そうしたらパパが、非合法の裏モノに出して最後にまとまったお金を取ろうとした。

パパ、ずっと前からそんな話をしていて、演技指導だってあたしを襲ってた。見知らぬ男優と初体験は、嫌だろうって。むしろパパの方が嫌よ。やっぱりパパも、あたしを自分の子じゃないと見てたんだ。合法的にロリを手に入れて、お金にもできたね。

「外国に行ってもママ、千春を忘れないわ。ずっと家族よ」

ここに連れてこられた日の情景が、画面に流れた。近所やアパートの人に見られないよう、タクシーで敷地内に入ってきて、新型肺炎の流行《はや》る前なのにマスクで顔を隠された。

「バカじゃないの。どんだけ男にだまされたら気が済むの」

自分の喉から、こんなどす黒い低い声が出るなんて。ママは一瞬ぽかんとした後、激高した。飼い犬に手を噛まれた人って、こんな怒り方する。パパもこんな顔したわ。

「あんたなんか、人殺しの癖に」

ママが濁った声で叫び、食卓の上をなぎ払った。テレビ画面が真っ白に輝き、パパの顔がいっぱいに映し出された。あたしを襲ったパパじゃない。死体の、パパ。

血まみれのパパが画面いっぱいに映し出されたテレビを、ママの顔に投げつけた。そこまでは、覚えていたわ。現実に戻ると、ぐしゃぐしゃな台所の真ん中に、ママが倒れていた。あたしがワインボトルで、頭と顔を滅多打ちにしたの。頭蓋骨の中にも血が溜まって、顔が風船みたいに膨れて変色してた。これはもう、殺すしかなかった。

ママの服を脱がして初めて知ったよ、左の腿《もも》に花、右の腿に蝶の刺青。花も蝶も、日本のじゃない感じ。どちらも南国の深い赤。ママの過去と正体の象徴みたい。子どもの頃はこんなのなかった。あたしがいなかった時期に入れたんだな。

床の上で包丁で刺したら、すごい血が出て酸化して乾いてこびりつく。パパのときで懲りて、経験から学習したの。風呂場の浴槽にお水を溜めると、引きずってきたママを入れた。鼻から泡が出たよ。まだ生きてたんだ。

料理しないママも、小さな包丁は流し台の引き出しに入れてた。髪をつかんで引き上げて、後ろ頭を浴槽の縁に乗せる。一気に首に突き刺した。でも、切断は無理。ごぼっ、大きな泡が浮かんだ。ママの声が混じってて、ああ、本当にママだと実感した。

真っ赤な入浴剤、入れたみたい。急激に白くなっていくママ、生まれそこなった人魚みたい。息絶えて勢いよく血が出なくなる前に、太腿の付け根も深く刺す。

ここの血管を切ったら、殺しは完了。同じく、人殺しをした子に聞いてたわ。

その子が殺したのは、同じ学校の子だった。恵まれた家庭の優等生だった陶子《とうこ》の事件は大ニュースになって、陶子のパパは自殺。間接的に、陶子が殺したようなもんよね。

陶子は最初から逃亡する気もなく、捕まっても死刑にはならないともわかってて、外面だけよくて家族には酷薄だった父親をとことん追い込めると恍惚《こうこつ》としたって。

陶子のママは小学生の頃に亡くなってて、陶子はまさにママは神様と崇拝してた。あたしのママも、早くに死んでればよかったな。美化できたし、殺す手間も省けたし。

あたしの事件はエロというよりロリ業界の大物が動いたとかで、報道は少なめだった。

久しぶりに陶子を思い出しながら、さらにママの首と腿の傷口を刃物の先で広げる。これはせめてもの親孝行、気遣いとして、花と蝶は傷つけないようにしてあげた。

透明な水に、ふわーっと血が溶けて広がっていく様は、あたしの透明だった心に、パパやママや周りの大人が悪い物を溶かし込んでいったのを見せつけられているようだった。

『さっきママを殺しました。実はパパも殺してます』

いったん休憩してラインしたら、それ本当、と初めてアサコさんから電話がきた。

『はい。ママみたいに喧嘩の勢いで刺しちゃったんじゃなく、パパの場合は殺す気満々で、お酒飲んで熟睡しているところを襲いました』

事件の前にママと暮らしてた、別のアパート。パパはそこには、よく来てた。

ママはあの頃も料理はしてなかったけど、包丁はそのアパートにもあったから、それでぶすぶす首を刺した。パパもほとんど声も立てず抵抗できず、あっさり死んじゃった。第一発見者は、ママ。あのときママは裸足で飛びだして、絶叫しながら走っていったわ。人殺しーっ、てね。自分が殺されたときは、そう叫べなかったね。十三歳になる、ちょっと前だった。医療少年院送致となって、そこにいられるぎりぎりの年齢までいたの。

ママが引き取る気になったのは、国からの保護費目当てとしても、親の情もあった、家庭を作り直したいと願った、とも思いたいわ。今は、アサコさんの声だけが耳に響く。

『あなたは母親に監禁されて情報も遮断され、知恵もつけさせてもらえなかった。これからは姉のような私に従うのよ。そうすればあなたは助かる。新天地でやり直せる』

母じゃなくて姉ですか。いろいろ張り詰めていたものがぶっちぎれ、気絶した。目が覚めるとアサコさんのアドバイス通り、始末と準備を始めた。あらゆる鍵、財布とスマホは、ママのバッグに入ってた。ほぼサイズが同じなんで、服や靴ももらうわ。

改めてママのスマホを見て、ため息。ママ、たくさんの男の連絡先を控えてる。営業回りと称して好きな男にも会い、お金をくれる男とも会ってたんだ。

それにしても、男との外国暮らしを夢見て作ったパスポートの顔写真。これならあたしのパスポートで通用する。カードの暗証番号も、スマホのメモから見つけた。

『待ってるわ。実は私が今いるのは、シンガポールよ』

アサコさんの背後で、大きな南国の椰子《やし》の木が揺れる音がした。あるいは、巨大な鳥の羽ばたき。そして、シンガポール。歩いたり、泳いだりして行けないのは、わかる。

家中のタオル、洗剤を使って、床の血や汚物を拭き取った。もう食べられない床の晩ご飯、くたびれたパジャマも下着もみなゴミ袋に突っ込んで、テレビも元の位置に戻す。

記憶の蓋が一気に開き、あれこれ飛び出してきた。死体の始末の方法も、生々しく知っているのも思い出した。独房にずっといたわけじゃない。普通の少年院と違って、男女混合なの。どうしても、隔離された部屋から出てこられない子もいたけどね。

ママがよく着ていた服を着たら、怖いくらいママそっくりになった。パパが本物のパパかどうかは限りなく怪しいけど、ママがママなのは本当みたい。

血なまぐさい台所に戻って、ママのスマホの電話帳を開ける。男達に片っ端から、

『コロナになっちゃった。けっこう重症で入院します』

そう、メールやラインをして電源切った。保存してある画像を見ても、いろんな男がぎっしり。ママの結婚したい相手がどれかわかんないから、全員に送るしかなかった。

コロナは善人も悪人も区別せず、襲う。でもちゃんと、免疫が弱ってる人を狙ってる。

そういえば、ママはあたしの普通の写真をまったく撮ってない。証拠、痕跡を残さないためね。あたしを熱心に撮ってたのは、エロ仕事のカメラマンだけ。

さて、お買い物よ。ママのサングラスと帽子とマスクで顔を覆い、玄関の靴箱を開ける。一年ぶりの、外。空気はそれほどでもないけど、風が冷たい。寒い季節なんだ、今。

アパートの廊下ですれ違った人に、軽くお辞儀。絶対、ママと思われてる。防犯カメラに映っても、ママと見られるはず。こちらに来てから、あたし外出は一切してないもの。

本当によく切れる刃物、匂いが漏れにくい梱包材料、強力消臭剤。教えてくれたあの子達、今頃どうしているかな。帰ってママの髪をつかんで引き上げたら、死んだ豚みたい。

昨日は久しぶりに陶子を思い出したけど、今日も久しぶりに思い出した子がいた。また人を殺したから、途切れてた人殺し少女のネットワーク、つながり直したかな。

あだ名は子豚。親豚に当たる母親が臨月まで気づかず、誰が父親か全然わからない腹の子を自宅のトイレで産んだ。それが子豚こと眞稟《まりん》。親豚が次々連れ込む男に子豚は喰われまくって、小学六年生で当時の義父の子を産んだ。その子はもちろん、即座に施設。

眞稟は遊び仲間だった美少女とホストを取り合い、男達を焚きつけてその子を輪姦させただけでなく、殺させた。陶子は陶子自身が可愛いことで騒がれたけど、眞稟は被害者が美少女だったから騒がれた。眞稟の流出した写真は、さんざん笑いものになった。

生い立ちは違うけど、同じ少年院にたどり着いたあたし達。陶子は、眞稟をいじめはしなかった。そもそも、同じ人間として見ていなかった。眞稟も交友関係の中にまったくいないタイプの陶子は得体が知れず怖がり、でもどこかで強く憧れてもいた。

「千春。死体は普通のゴミ袋に入れてゴミとして出したら、あまりバレないよ」

一番先に退院した眞稟は、父親のわからない子を何人も産んでは絞めて捨ててたって。

「嘘はばれるものじゃなく、ばらすもんだよ。隠そうとするとつい余計なことまでしゃべって、そこからボロが出る。黙って知らん顔してんのが、一番いい」

ママの髪の毛をつかんで引き上げ、浴槽の縁に乗せる。鉄板も切れるという、スレート切断用ノコギリ。普通にホームセンターで買えた。聞いてたやり方で、まずは首を切断。きれいに切り離せたママの首、持ちあげた。重い。陶子と眞稟、ママとあたし、脳みその重さは同じかな。ママが薄っすら、目を開けた。虚ろな瞳に、あたしが映ってた。

胴体は、まずお腹を切って毒々しい色合いの内臓を掻き出して洗い場に放る。外気に触れて膨らむ内臓は、内臓の臭い、としかいいようがない臭い。他に似た臭いがない。

腐敗ガスを溜めないよう、内臓に切れ目を入れて、胃の中の未消化の食べ物、腸の中の大便、絞り出して排水口に流した。人間って、動物の中で一番臭いかも。

これ子宮だとわかったのは、人間の形をしたものが入っていたから。手のひらにすっぽり納まる、小さな赤ちゃん。なるほど、だからママも結婚を夢見たんだ。どの男がパパなのか、この子にもわからないよね。でもママの子だから、あたしの妹か弟なんだ。足を広げてみても、性別はわかんない。顔もブヨブヨのオデキみたいなんじゃ、誰に似ているかもわからない。でも、可愛いかも。この子に罪はないし。

妹か弟をそっと洗面器の中に入れて洗って、ちょっと休憩。再びママに取りかかる。傷つけないよう遠慮した刺青だけど、やっぱり身元不明にするためには切り取らなきゃ。

すっかりママはバラしてしまったけど、焦っていっぺんに捨てちゃダメ。血抜きしたママの欠片《かけら》、服や下着で包み込む。梱包材でさらに包んで、消臭剤をスプレー。頭、両手、曲げた足は片方ずつ。胴体は上下に分ける。ぱっと見、ただのゴミが入ったゴミ袋。

首だけは、新品の花柄の可愛い箱に入れてあげた。一瞬、これだけとっておきたくなったのは、中身じゃなく可愛い箱のせい。ゴミ袋を、空っぽの浴槽に詰めておく。頭の入ったゴミ袋と、刺青部分の入った小さなコンビニの袋は、玄関の三和土《たたき》に置いた。

着々と進んでます。アサコさんにライン。合間にママの頭が入ったゴミ袋、アパート脇の集積所にぽいっ。コンビニのゴミ箱に、刺青部分の皮膚のゴミ袋ぽいっ。

明け方に目覚めてゴミ集積所に行ってみたら、見事にゴミ袋は消えてた。ママの頭は燃えるゴミとして、おにぎりの包装紙やジュースのパックと一緒に焼かれたわ。

巨大な焼却炉には、他の家からも捨てられた頭蓋骨がいくつも混ざっているかもね。コンビニには、家庭ゴミを捨てたお詫びに、翌日もジュース買いにいったわ。

翌日、予定通りちゃんと内臓を捨てた。あたしと赤ちゃんが入ってた子宮や、あたしと食べた最後のご飯も入ってた胃腸も、みんな。心臓は、ハートの形はしてないのね。

きっちりと毎日、少しずつ捨てていった。おっぱい、中身の脂肪分は掻き出して、内臓に混ぜておいた。妹か弟、ごめんね。まったく飲めなかったね、お乳。ママの性器、南国の密林に咲く食虫花みたいだった。お花がついてた左足。蝶の飛ぶ右足。

手が一番、腐らなかった。マニキュアの防腐剤のせいだって、アサコさんがいった。

中身が減っていくけど臭いは増していく浴槽に、氷と保冷剤を足し続けた。冷凍庫に入れた子だけは、可愛くて捨てられない。今となっては、ただ一人の家族だもん。

そんなママが完全に、いなくなったおうち。ママを殴ったワインボトルは割れてなくて、台所の隅に転がってた。こびりついているのは、ワインか血かもうわかんなくなった。お酒は強くないけど、自分と乾杯。自分に乾杯。ママを殺したボトルから、飲んだ。

翌日、体液や血のこびりついた風呂場を掃除して、残りのワインは流しに捨てて、瓶は普通にゴミとして出した。ママを切断したスレート切断ノコギリ、洗ってから近くの工事現場にこっそり寄付してきた。ちょっと刃こぼれしてたけど、まだ使えるよ。

きれいさっぱり、ママは失踪。あたしは疾走。発音が同じ。やっとママから自立できる。

『帰りの航空券は、ビザなしでいられるぎりぎり一カ月先にしておいて』

いわれるがままにスマホを操作していたら、ママのワクチン接種証明も出てきた。でも、ママはどこに行く気だったんだろう。まさかシンガポールじゃないよね。それらしき会話も相手も、航空券も見つからない。すべてママの一人相撲だったら、可哀想なような。

冷凍庫でかちかちになったこの子、妹って気がしてきた。これからは、妹と呼ぼう。

引き出しに、小さな密閉容器も見つけた。可愛いハンカチ敷いて消臭剤ビーズを詰めて、保冷材も入れて、妹を寝かせる。消臭剤たっぷりスプレーして、ママのポーチに入れた。

あたしのいた痕跡は、なくなった。払わなきゃ、電気も水道もガスも止まる。家賃が引き落とせなくなったら大家か管理会社が来るだろうけど、ママが失踪した、となるだけよ。娘は所在不明。妹は、そもそも生まれてきてない。

——電車から、モノレールに乗り換える。レールの下を流れるのは、川なのかな、海なのかな、緑色の水。ママの一部が、浮かんできそう。バッグの中の妹も、少し臭う。

シンガポールに申請してた、入国書類がメールで届いてた。宛名はママ。あたしはママなんだ。じゃあ殺人犯じゃないわ。ママ、生きてるんだから。

生まれて初めての、空港。とにかく広大な所に人がいっぱい。誰かに、見透かされそう。でもこのパスポートを持っている間は、ママよ。年齢も一気にアップする。

カウンターで、アサコさんに指示された通りのシンガポール行き航空券、まだ使えるママのカードで買った。カウンターでQRコードも見せ、平静を装うんじゃなく本当に平静。

すべて、前へ進んでる。もう引き返せない。引き返しても、どこへも戻れない。

アサコさんから、ゲイランの地図の画像が届いた。三つ並んだビルに船の形のプールが載ったホテルとか、ライオンの顔した魚の像とか、そういうのはみなゲイランじゃない。

『あっ、有名ゴルファーの彼氏が、自分のクルーズ船で立ち寄るって』

唐突にそんなラインが来て、未読スルー連続になっちゃった。そこで携帯はしまい、ママのスマホの電源を入れる。どっと、男達からのラインやメール。いちいち読まず、『長期入院、決定。スマホしばらく使えない。面会できるようになったら連絡します』全員に一斉送信した後、電源を切った。検査機にバッグを通されたとき、ママの首やノコギリが浮かびあがったら、と心配した。妹は、人間とはみなされなかった。

すんなり無人ゲートを通れたとき、実は自分はママの幽霊なんじゃないかと疑ったわ。密閉容器の蓋を開けて妹の姿を見たくなったけど、あっちに着いてからにするね。立ち読みしたガイドブックで見たわ。南国にはドリアンていう、とっても臭くて美味な果物があると。妹が臭くなっても、あっちではドリアンだとごまかせるんじゃないの。妹には、ドリアンをお供えしてあげよう。死臭と混ざれば、いい匂いになったりして。搭乗できるとなっても、怖かったわ。列に死者が混じっていても、わからない。ママがこっそり混ざってないか、振り向くの怖かった。もし妹が生まれていたら、その航空券も要ったのね。死んだ後だから無料なんじゃなく、生まれる前だから無料。

飛行機のドア、ついに閉まった。本当にあたし、追っ手からも死体からも逃れて、自由の身になれた。シートに、限りなく沈みこんでいく。このまま、地獄まで突き抜けそう。

膝の上の、妹が入ったバッグ。ごめんね、直接ではないにしても、殺意はなくても、あたしが殺したも同然。これからは姉妹ずっと一緒よ。二人きりの家族だもん。

妹をバッグごと抱きしめていたら、眠りに落ちていた。空を飛びながら、地の底みたいな夢を見る。すでにそこは南国。生ぬるい雨と湿った息苦しい空気。悪臭すれすれの果実の匂い。ママが屋台で店番してて、籠の中にもママの手足や首が入ってる。

つまんないよママ。怖くないよ、ではなく。店番していた暗い顔色のママではなく、南国の鮮やかな果物と一緒に籠に入っていたママの首が、かすかに笑った。隣の籠の中には、葉っぱに寝る妹がいた。妹は透き通っていて、目だけが黒々と濡れていた。

なんか変と思ったら、店番しているママは右手と左手が逆についてて、首も肩に乗っかっていた。いったんバラしたら、元通りにつなぐの難しいよね。

青い花みたいな客室乗務員が、起こしてくれた。ここは天国に近い上空だけど、機内には生きている人ばかり。ママは出る幕ない。小さな窓からは、異国の海が見えてる。

トイレでママの夏のワンピースに着替え、着てた冬服はバッグに押し込む。ママの服は遺品、形見なのかな。それとも、強奪した盗品かな。お下がりってことにしておこうか。

施設にいた中国の血の入ってる子が、死者の供養にあの世で使える玩具のお金を焼くといってた。あの子は自分が盗んで殺した人のために、焼いたのかな。

まもなく着陸。バッグじゃなく、妹を抱きしめる。地獄の楽器みたいな轟音と罰みたいな衝撃とともに着陸したとき、ママが背中にしがみついてきたのがわかった。

夢の中の、売ってた方じゃなく売られてた方のママの首が、肩に乗ってる。背後に立つ足の刺青が、左右で入れ替わってる。飛行機のドアが開き、通路に出た瞬間、ママは消えた。この世からいなくなったのに、ママはまさに今、シンガポールに到着した。

この世から消え去ったのは、あたしなのかしら。警官やママが待ち伏せしていることもなく、妹が叫び出すこともなかった。所持金すべて、シンガポールのお金に換えたわ。

あたしが死んだら志麻子さん、本物の日本円を燃やして供養してね。

マスクしてる人、してない人、半々かな。あたしは外さなかった。臆病な人に見えたか、慎重な人に思われたか。どちらもよ。その正体は、親殺しの逃亡者。

タクシー乗り場も、イラストでわかった。天国や地獄も、死者にわかりやすい表示や看板が出ているのかな。ドアが開いた瞬間、猛烈な熱気があたしを抱きしめた。

中華系らしい美男の運転手さんに、行先の載ったスマホをかざす。携帯はさておき、スマホはＷｉＦｉすぐつながった。時計は自動的に、マイナス一時間になってる。

あの世って時差あるのかな。時間は止まっているのかな。窓の外を流れる色濃い景色は、実はここは死後の世界、といわれても納得できる。似ているけど、やっぱりなんか日本とは違う、建物や人や車。これは明らかに日本と違う、椰子の木や極彩色の花。死後の世界なんて、入口にもいったことないけど。天国も地獄も花園や血の池じゃなく、こんなふうに微妙に見慣れた風景と違う感じかも。カーラジオはときおり雑音が混じって、ママの声も入る。寒い、だって。こんな南国で。

それにしてもこの国、たくさん神様がいる。異教の寺院が隣り合って、並びあって。あたし、どの神様に祈ればいい。ゲイラン地区にも、神様がたくさん。運転手さんが、ゲイランといったのはわかった。ここが初めてのあたしにも、どういう地区かわかってきた。

EROS、SEXY、といった派手な文字。ネオンが裸の女や、エロい唇の形をしてる。立ち並ぶ店の雰囲気、歩いている派手な女達、すべてあからさま。

そうしてタクシーは唐突に、大きな通りの端に停まった。果てしなく並ぶ低層の建物が、それぞれ別の店なのに一つの巨大な建物か、生き物にも見える。

運転手さんが指す方には、ああ、ついに、という物があった。陽炎《かげろう》のせいじゃなく、輪郭が歪んでいる。中にアサコさんがいるのも、もう嗅ぎ取れる。嗅いだことのない、ドリアンの匂いに混ざって。運転手さんは故郷の言葉でいったのに、あたしは聞き取れた。

「本当は、連れてきたくなかったですよ。でも、仕方ない」

タクシーが去ってからも、しばし立ち尽くす。塀の、ＨＯＴＥＬと書かれた看板。中国語表記もある。左手には、ごく普通の集合住宅や特徴のないビジネスホテルの群れ。右手には、庶民的かつアジア的な商店街が連なる。

アサコさんと会う約束をしたホテルは二階建てで、中華の寺院にも見えるし、お人形さんのおうちみたいでもある。壁はすべて薄いピンクで、屋根や窓枠は青く塗ってある。そんな古くないけど、百年くらい泊まってる人もいそう。

向かって右側に、色彩と建材が同じ一戸建てがある。囲む塀は低くても、敷地内への出入り口から建物の玄関までは、かなり広い。敷き詰められた煉瓦の下に、怖いものが埋まってそう。玄関は開け放っていて、簾《すだれ》みたいなのが半ばまで降りてる。

南国の花ばかり並べた植木鉢が、人の骨を養分にしていそうな色合いと湿り気。

突然けたたましい楽曲というのか、裏返った奇妙な歌声が、背後から聞こえてきた。振り返ると大通りを挟んだ向かいに、この辺りではかなり立派な三階建ての建物。その前に、妙なものが設えてある。鉄パイプで組んだ、仮設の舞台みたい。イイネ～イイネ～。確かに、そう聞こえる。そう聞こえる、ってだけだろうけど。赤と金に彩られた、お釈迦様だか観音様だか、派手な色彩の絵を舞台の背景や脇に貼り付けたり、垂らしたり。窓からは、経文みたいなのを書いた幟《のぼり》がはためく。

その真ん中に、異様な人がいた。これまた極彩色の衣装のお爺ちゃんが、音楽に合わせて歌ってるの。最初、お面かと思った。白塗りで、赤っぽい隈取の異様なお化粧。この辺では有名なのか、日常なのか、立ち止まる人もいない。まるで売れない地下アイドル。

ホテルに入ると、昔いた例の施設を思い出させる、つるつるした床。中は、ひんやりしていた。エアコンじゃなく、もっと芯に来る冷気。ママが、ついてきてるかな。

千年前から一ミリも位置が変わってないような、天井の赤い提灯《ちょうちん》。古びた黒い合皮のソファ。安っぽい折り畳み机に載った、花柄のブリキのポット。フロントの向こうに、赤い神棚がのぞいてる。祀られている妖艶で俗な観音様、少しママに似ていて不吉だわ。

その横の寝椅子に、痩せた小さな白髪のお婆ちゃんがいた。着ているのも、寝間着っぽい半袖の白いワンピース。背後の棚には私物らしい薬箱、スーパーの袋に入れたお菓子とか、生活感が漂っている。愛想よくお客さんを迎える、って感じでもない。

面倒臭そうに座り直し、胡散臭そうにあたしをうかがっていた。くっきりした顔立ちは、若いときは美人だったかもと思わせた。他には生きた人は、いなかった。外の燃えるような暑さが恋しくなったほど、冷ややかな空気。すみません、日本語で話しかけるしかなかった。その瞬間、フロントのお婆ちゃんはぽかんとして、日本語で叫んだの。違う、って。こちらもぽかんとして、棒立ちになった。

あっ、あたしも叫んでいた。この干からびたお婆ちゃんが、中村アサコなの。アサコさんは立ちあがり、唇とあたしに突きつけた指先を震わせた。あんた大きすぎるっ。

「ずっと閉じ込められてたので、最後に測定したときのままだと思ってました」

そんな怒られるとは予想してなかったから、泣きそうになった。こっちも反撃しなかった。何が二十代に見える、よ。年相応どころか、実年齢よりずっと老けてるじゃない。

はぁ〜、大きな絶望のため息をつき、カウンターに突っ伏したアサコさんは、すぐにものすごい勢いで顔をあげた。獲物を狙う目とも違う、でも餌を捕らえようとする目。

突き刺すような視線を向けた後、ふっとぎこちない笑顔になった。フロントの向かいにあるソファを指す。おっとり優雅とも、体のどこかが悪いのかな、とも思わせた。おずおず、端っこに腰かけ、膝の上で妹の入ったバッグを抱く。

「私はここのオーナー、ていうか、正確にはオーナーの奥さんよ」

なんだか、猛烈にホッとした。有名なラッフルズやマリーナベイサンズとは比べ物にならなくても、一応は繁華街にあるホテルよ。ある程度のお金も余裕もあるよね。

「旦那さんはこの国の人で、神様よ。さっき見たでしょ」

いったん途切れていたあの奇妙な節回しが、また聞こえてくる。あの変なお爺ちゃん……素敵な旦那さん、イケメンですね、とはちょっといえない。ハリウッドスターや有名プロスポーツ選手じゃないし。おもしろそうな人、それ誉め言葉になるのか微妙。

でも、神様ってなに。自分で宗教を作って、自分で神様になっちゃってるの。

「旦那の後ろのビルには、同郷の人達が集まるの。旦那を神様とも崇める人達よ。集会が始まれば、旦那もそこに移るけど。合間に、ああして歌って踊って祈ってる。信者がお金も捧げてくれる。そのお金は、私に捧げられる。ほら、ついてきて」

フロントの左側に、階段があった。か細い足を見上げながら、ついて昇っていく。どこかで鋭い、鳥の声。青く塗られたドアが左右に並び、テレビの音や声が漏れてきた。すべて聞き取れない異国の言葉。アサコさんは、薄いドアを開けた。一番奥の左側の部屋。病院みたいな床に、低いベッド。窓の上では、部屋に不釣り合いな大きなエアコンが不吉に唸ってた。幽霊が映りそうな鏡。独房、という言葉が浮かぶ。施設の中でも、何度か入れられたわ。窓枠は青く塗られていて、強い陽射しに青い血を垂らしそう。

アサコさんが、その窓をぎこちないとも優雅ともいえる動作で開ける。寂れた脇道が見降ろせた。派手な女達がうろうろしている。檻みたいなベランダが並んでて、洗濯物の物干し竿が横にではなく縦に突き出しているのが、日本と違う風景。

女達の間を、赤い羽の蝶が飛んでる。ママの腿にあった蝶。ホテルを囲む低い塀の、角になったところの支柱に、白い小さな獅子の像が載っている。異国の言葉で吠えるわね。

「旦那には、あなたのことは何もいってない。ここに来たことも、いることも秘密。だから、私に日本語で話しかけてきたりしないでね。あなたは単なる宿泊客の一人。旦那は、このホテルはロビーとフロントの中くらいしか来ない。客室に入ることもないし、少し足を悪くしてからは、滅多に二階へ上がることはなくなったわ」

鋭い南国の鳥の声と、大通りの向こうのお爺ちゃん、じゃない、アサコさんの旦那さんの歌声が混じる。あたし今、本当に生きているのかな。ここはもしかして、あの世。

「ホテルの横の家、見たでしょ。あそこに私達は住んでいるの。旦那はお向かいのビルの仕事の方が忙しいし、私はフロントに、ここの看板娘、アイドルとして座ってる」

ハリウッドスターや有名プロスポーツ選手とのデートは、いつしてるんですか。なんていったら各種揃えた神様に地獄の業火で焼かれるか、使いの鳥に目玉と舌を食われそう。

「このホテルは、いろんな女達が入れ代わり立ち代わり、といってもけっこう同じ女達が来る。旦那が何度かあなたを見かけても、そんな不審に思わないはずよ」

やっぱりこのホテル、そういうホテルか。それがわかると同時に、アサコさんの不思議なぎこちなさの理由もわかった。左手、肩から義手なの。本人、それを一言もいわない。

「旦那は昔から、私の熱烈なファンだったの」

アサコさんが、ふわっと白髪と裾をひるがえして階段を降りていってから、今の全財産、すべての持ち物であるママのバッグをベッドに置き、自分も仰向けになった。

妹も暑いだろうな。ほっとするべきか、別の追い込まれ方をしたと怯えるべきか。アサコさんはなぜ、呼んでくれたのかしら。今さらながらに、その謎が熱波に乗って押し寄せてくる。あたしは殺人犯の逃亡犯。そんな危ない女をかばう、助ける意味って何。

今頃になって、考え込む。今までは、それどころじゃない状況にあったからね。

そうこうしているうちに、ふっと闇に落ちるように眠ってしまっていたわ。目覚めたらもう完全に夜。あちこちの部屋で、女達が商売の愛を交わす声が漏れてくる。

お腹が空いたんで、妹を連れて部屋を出た。アサコさんはフロントの中の椅子を倒して寝ていたわ。まるで、水気のまだ少しあるミイラ。唇に、蠅《はえ》がとまってる。ちょっと動いたら、逃げた。動かない、血の通ってない左手が、確かにあたしを手招きした。

ロビーには誰もいないのに、薄い暗い影がいくつか揺らめいていた。ママもいたかな。

南国の夜の黒さは、どんなにネオンが輝いても隠し切れない。あたしの罪も、どんな大人しくしていてもにじみ出ているね。外に出ると、湿った暑さが攻めてくる。

向かいの建物の前の舞台で、まだ旦那さんはノリノリで歌っていた。信者らしき人が囲み、舞台下の大きな甕《かめ》に玩具のお札を放り込み、燃やしてる。現世で使う本物のお金は、建物の中で飛び交っているんだよね。さりげなく近づいて、旦那さんの顔を見る。

元の顔がよくわからないけど、禍々しい凶悪さよりも、悲しいほどの酷薄さが伝わる。

近くの、南国らしく路面の方は壁を取り払った開放的な食堂に入ってみる。派手な女達と、堅気じゃない男達もいる。特有の色気と陰り、日本と同じね。

写真入りのメニューがあったんで、店員に指さす。日本で嗅いだことのない香辛料。蒸した肉。タイガービールを飲みながら、がたつくテーブルで異国の人達と異国のご飯を食べていると、何もかもが夢だったと笑いたくなるし、後戻りできない現実にも襲われる。

ふと思いついて、スマホのオープンチャット機能を使ってみた。あの施設にいた子だけにわかる、キーワードをいくつか。しばらくして、反応があった。アイコンはあたしと同じく、のっぺらぼう。名前もA子なんてしてあるけど、すぐに誰だかわかった。

『さあ、通報タイムだよ。で、あんたはまた、やっちゃったかな』

通報タイムだよ、ってのは陶子の口癖の一つ。陶子は何か不正や不法行為を見つけると、本人はいっさい傷つかず、他人を道具にして煽る。記憶の中の、何かが大きく欠落した美少女。電話していいかなと打ってる最中に、あちらからかかってきた。今どこよ。

この感情のない声、なつかしい。陶子は魔女なの。人を操って、その結果を見てみたいだけ。望んだ結果にならなくても、かまわない。もちろん、その実験に使う人間なんて使い捨ての消耗品。陶子の背後からは、何も聞こえない。ひたすら真っ黒な静けさがある。

『とある南の国に滞在中。こっちにいる元有名人に、住まわせてもらってる』

一応、警戒はしなきゃ。殺したママのパスポート使ってるなんて、通報タイムされたら危なすぎる。陶子に口止めなんかできない。陶子があたしをかばう理由もない。でも、陶子自身も何かやらかしてるなら、うかつに警察には行けないかな。

しばらく考えて、半分だけ正直に打ち明けた。陶子は、黙っていることは見逃してくれるけど、完全なる嘘をついたら通報タイムを鳴り響かせてた。

『自分を中村アサコといい張る、頭がちょっとアレな日本のオバサンがいるの』

本人だ、とはいわない。陶子におもしろがって調べられたら、強制終了が間近になる。

『その中村アサコになりきってるオバサン、千春を殺す気満々で呼び寄せたね』

薄々感じていたことを、ずばりいわれちゃった。蠅が飛んできた。まるで、アサコさんの唇から出てきたみたい。まさか使い魔、スパイじゃないよね。

『そのオバサンは、旦那から逃げたいんだよ。でも旦那は、殺せない』

これまたなんとなく、感じ取っていたこと。ビールは気が抜けても、充分に苦かった。

『身長と体重にこだわったのは、身代わりの死体が欲しいから。それで検索しまくったね。千春のロリ時代のプロフィール見て、ＩＤで探したんだ』

自分は死んだことにして、あたしの死体を中村アサコと思わせ、どこかに逃げる。それって、あたしがママにやったことと、似てもいないけど、何かが通じている。

『自殺に見せかけて殺して、建物ごと燃やして真っ黒焦げにしようとも考えてるかな』

陶子が楽しみながら、殺人について考えているのが伝わってくる。

『あんたに自分の服を着せて、密林に捨てるとか。黒焦げ死体や腐乱死体なら、ざっと三十代〜六十代なんて鑑定されるから、年齢差があってもいいんだよ』

お店を出ても、気分は上がってる。陶子とつながれたこともあるわ。友達といわせてよ。実験が済んだら捨てられるけど、新たな実験を提供し続ければいいんだわ。

『とりあえず千春にも、そのホテルでその仕事をさせるつもりね。大使館や警察に、駆け込める立場じゃないもんね。稼ぎはみんな取られるかもよ』

ホテルに戻ると、アサコさんはフロントの中からちらっとこっちを見た。生贄を捧げて崇めれば、悪魔だって守ってくれる存在になる。捧げた生贄は、ママ。

もしかしてアサコさん、左手を捧げ物にしたかな。あたしを身代わりの死体にするときは、あたしの左手も切るよね。なんて考えながら、もはや我が家っぽく思えてくる部屋に入った。蓋を開けてみたら、妹はさらに赤黒く腐ってた。ネズミの子や芋虫にも見える。

お姉ちゃん、といってほしい。買ってきた消臭剤の粒をいっぱい足して、冷凍庫の製氷皿に乗せる。窓を全開にして夜風を入れ、ニュース番組を眺める。あたしのニュースはやってない。遠い国の悲劇や長閑な地域情報を横目に、眠気を覚える。

『そういえば、眞稟っていたね。あの子とか、どうしてんのかな』

ふと、思い出して陶子に送ってみた。眞稟なんか、目の前で死んでも陶子は眉一つ動かさなかっただろうね。さあ知らない。返ってきたのは、予想通りそれだけ。

ママの体はもう完全に焼却、消滅してしまってるのに、戸籍やパスポートでは生きてることになってる。妹は生まれてこられなかったのに、そこにいる。

妹との暮らしのためにも。あたしが稼いだら、アサコさんも殺さずに置いてくれるわ。いろいろ不安もあるけど、今一番気になるのは……陶子って本当に陶子なのかな。あたしもほら、今ママになりすましているじゃない。もしかして、眞稟も陶子を殺してなりすましているんじゃないかって気もしてきてる。憎しみじゃなく、憧れから。

※

すべて本当のことといい張る千春の話は、いったいどこまでが作り話、あるいは妄想か。

まさかすべて事実なんてことが、あるだろうか。千春に話を聞いている最中も、ずっと戸惑っていた。書き起こしている今も、迷い続けている。

いくらなんでも、母親を殺してバラバラにしてゴミとして捨ててきた、その母親のパスポートで渡航した、これは現実ではないと思いたい。

だが、千春がゲイランで体を売っているのは事実のようだった。

陶子と眞稟の事件はぼんやり覚えていたが、千春の父親の事件は特定できない。三人の年齢とそれぞれの事件の時期はけっこう、ずれがある。同時期に同じ施設に収容されていたかは、ちょっと微妙な感じだ。

往年のアイドル中村アサコも知っていたが、シンガポールにいる確証は得られない。

千春は妹が入っているというバッグを大事そうに抱えていたが、見せてというのは躊躇《ため》われた。ゆるく漂っていた腐臭は、ドリアンの残り香だったのか。

そのときの私は、スマホの充電器をホテルに忘れて電池切れし、今も手放せないガラケーの方で千春の写真と連絡先を保存していた。

その日が滞在の最終日で、翌日の昼前には慌ただしく帰国した。羽田空港に着いてガラケーの電源を入れたら、ＳＤカードが破損していると表示された。慌てて復旧の修理に出したが、狙ったかのように千春の写真と電話番号は消えていた。

何人かの友達や仕事関係者に千春の話をしたら、だいたいこんな意見で一致した。

「ホストに入れ揚げて借金まみれになって、海外に出稼ぎに行ってるんだよ。神様ってのは、現地の風俗界のボスでしょう。その内妻が中村アサコだったらおもしろいけど」

「親を殺した、捨てた。それ現実には、ただ絶縁したってことじゃないの」

「妹ってのは、たぶん出稼ぎ仲間。もしくは、千春自身が堕胎した胎児」

一カ月後、再びシンガポールに行ったときは、もう千春には会えなかった。かなり、ゲイランをうろついたのに。ただ、千春がいっていたホテルと神様のビルは見つけた。

外観は千春の描写そのままだった。ゆえに、どちらも入り難かった。マリーナベイサンズみたいなホテルなら、宿泊客でなくてもロビーや店は自由に出入りできるが。

千春の関係するホテルは、泊まりもしない私なんかが一人うろうろしていたら、それこそ怪しい奴として目を付けられる。従業員に声をかけられたら、なんと答えればいい。

そんなシンガポールは多民族国家だが、七割以上が中華系だ。あの広大な国からの移民達はそれぞれの故郷の人と集まって親睦会、組合、互助会といったものを構成している。

神様のいるビルは、ほぼ神様の故郷の人達だけが出入りする場となっていて、郷土どころか国も違う私がふらっと入っていける隙間は、一センチほどもなかった。

あまり、千春には深入りしない方がいいかも。小心者の私は、実話系の話に書くのは控え、とことん創作に活かそうと考えた。だが人生も創作も、計画通りにはいかない。次第に千春の記憶も遠ざかっていき、ちょっとアレなホラ吹き、もしくはお薬で少し頭が混乱している女の嘘、妄想を聞かされたのだと思い始めていた。

年末年始もシンガポールに渡ったが、滞在中にベトナム愛人から連絡があった。彼の末弟はいわゆる授かり婚をし、すぐ離婚。元妻は娘を元夫に託し、出ていった。

愛人によると、末弟の元妻も今、シンガポール滞在中だとか。ベトナムレストランで働いているというが、どうも置屋にいるらしい、と溜め息をついた。

「職場で、日本人の友達ができたって。可哀想な妹のために働いていると、その日本女性はいったそうだよ。そうして、その日本女性は志麻子のことを知っていたんだよ」

千春は、間違いなく実在した。何かの事実は、語っていた。そして私とまだ繋がっているんだと、戦慄した。親しんでいたゲイランが、少し不気味になった。

さて、ある仕事を通じて親しくなった、日本在住の中華系の方がいる。シンガポールではなく都内に郷土の会を作り、そこの会長として表でも裏でもいろいろと御活躍だ。

その方に千春の話をラインで送ったら、なんと千春については知らないが、例の神様は知っておられた。故郷は違うが縁はあり、シンガポールで会ったこともあるそうだ。あれよあれよという間に会長の仲介で、神様に会えてしまった。例のホテルでもビルでもなく、ノーサインボードでもないゲイランの食堂で、向かい合った。

※

「故郷は、砂混じりの強い風が吹く何もない処だ。地獄より、貧しかった」

神様は日本語が上手く、普通の格好だと柔和なお爺ちゃんに見えなくもなかった。

「私は子どもといっていい年頃のとき、大陸の故郷からこの国に船で来た。恐ろしく不潔で危険で、酸っぱい米と腐豆腐だけで命を繋ぎ、ありったけの生き地獄を見せられながら、この国の片隅にたどり着き、同郷の華人ばかりが住む集合住宅に潜り込んだ。

子どものいない夫婦の、養子というより使用人になった。コンクリートの板をくり抜いただけの、石の便器。下にはブリキの桶を置いた扉のない便所。中身を捨てに行かされるのは、私だ。悪臭の中に郷愁があり、郷愁は悪臭に満ち満ちている。

人力車を引く養父と、市場で雑貨を売る養母。三人で、狭い部屋に暮らした。隣の部屋との薄い壁は上の方が開いていて、覗き放題だ。今も隅々まで思い出せる。板を渡しただけの寝台に夫婦は寝て、私はその下、土間に茣蓙《ござ》を敷いて寝た。枕元に、陶器の痰壺が置いてあった。それに描かれた花と蝶の模様も、覚えている。陶器の枕と椰子の葉で編んだ団扇《うちわ》だけが、暑熱をゆるく冷ましてくれる。

過酷な仕事と先の見えない生活に、多くの仲間が阿片《あへん》に溺れていった。養父母も相次いで、若死にした。私は決して、溺れなかった。阿片にも博打にも安酒にも、安い女にも。阿片を吸わない快楽、賭博や酒や女に溺れない楽しみもある。私は苦痛から逃げないといえばご立派だが、苦痛の方こそが気持ちよく、好きなのだ。

貧しい移民の中からも、成功者はたくさん出た。彼らの豪奢な屋敷は、極端な貧富の差だけが生み出せる。ただ同然にこき使える者達がいてこそ、夢の城は成り立つ。

しかし心は楽しんでいても、体には無理がたたっていた。足腰が立たなくなり、私は中華街の死人街にみずから赴いた。死期が近い人を、収容する家。あの頃の中華系の人々は、家で死者が出るのを不吉だ穢れだと恐れた。だからみな、進んでその死の家に行った。最低限の寝床と食事を与えられ、死ねば併設の火葬場で焼いて、墓地に葬ってもらえる。道端に放りだされて野垂れ死にし、野犬に食われることはない。

骸骨に皮を貼り付けたような人達の間で、私は静かに死を待った。そのはずだった。死んだ養母と夢の中で交わりつつ、祈り続けた。そして私はきわめて稀な、死の家からの生還者となったのだ。足腰が立つようになると、自分で歩いて死の家を出た。

一度死んだ、いや、死ねなかった私は、故郷の成功者が経営するホテルに拾われ、下働きから始めてフロント主任、支配人代理となり、ついに独立して自分のホテルを持てた。

そこからは馬車馬のごとく働かなくてもよくなり、いろんな趣味を試したが、今一つ夢中になれなかった。賭博や阿片などに酔える奴らが、心底うらやましい。

飽きなかったのが、日本のドラマや映画だ。本物の日本、そして故郷を蹂躙し、この国でものさばっていた日本人にはいい思いを持てなかったが、映像の中の美しい日本には憧れ、可憐な女に恋をした。特に中村アサコに惚れこみ、理想の女となった。

落ちぶれた彼女が流れ流れてこの国にたどり着き、娼婦まがいのことをしていると聞き、会いに行った。もはや廃棄寸前だったアサコを引き取ったとき、私に神が降りてきた」

私は波瀾万丈な物語に聞き入り、千春のことは質問しなかった。聞けば私も死に近づく。何の根拠もなく、この神様も、もしや養父母を手にかけているのでは、と感じた。

「アサコは一度だけ逃げようとしたから、罰に左手を切ってやったよ」

ちなみに死人街は今も中華街にあるが、死の家そのものは六十二年前に廃止された。

恐の家族

青森県出身。現役精神科医でありプロのラッパーとしても活動する。鍛え抜かれたステージングの技術と精神科医としての視点を盛り込んだ語りは聴き手の心を強く揺さぶる。共著に文庫『怪談最恐戦2022』など。

Dr.マキダシ

リキの一族

その晩、私は久々に顔を出した地元のクラブで一杯やっていた。クラブといっても、ラッパーであり、しがない勤務医である私が行くのは「銀座の高級クラブ」のクラブではなく、ＤＪが夜な夜な音楽を流し、人々がそれに合わせて躍るほうのクラブである。

ただでさえ人通りの少なかった町の歓楽街は、昨今の新興感染症の影響で物寂しさを増していた。そんな中でも、若者の憩いの場として機能している数少ない現場がここ、「ＬＩＶＥ＆ＢＡＲ　ブレイキン・カフェ」だ。若者の間では、ブレイキンの頭文字をとって「Ｂカフェ」と呼ばれている。田舎の歓楽街のどこにでもあるような雑居ビルの片隅に、日夜若者が集まっては、仲間内で音楽に体を揺らしたり、県外から来るゲストアーティストのパフォーマンスに熱狂したりしている。

本日はそんなBカフェに血気盛んな若者が集結し、ラップバトルの大会が開催されていた。私はというと、そのバトルイベントのアフターパーティー（後夜祭のようなものだ）でのライブ出演を控えていた。バトル本編よりも時間が深いこともあり、客の年齢層はやや上がり、少し落ち着いた雰囲気の中、音楽が流れる。

楽屋も無いような小さな箱なので、客に交じりながらフロアでお酒をあおり、ぼーっと微睡《まどろ》んでいると、後輩ラッパーの一人がこちらを見て、何やら話しかけるタイミングを伺っているようだった。

ＲＩＫＩ《リキ》という名で活動する彼は、私に負けず劣らずの体格の持ち主であり、礼儀の正しいシャイな大男だった。ラップバトルでは、相手に核心を突かれると、頭をポリポリと掻いては口ごもってしまうような純朴な一面もあった。地元でしか会うことがないため、基本的には年に一、二回、私が帰省のタイミングで出演するイベントで少し話す程度の付き合いなのだが、知り合ってからはそこそこ長く、もうすっかり地元の友人の一人のような存在である。

目線で合図を送ると、リキが近づいてくる。

クラブでは常に音楽が大音量で流れているので、必然的にお互いが近づいて、比較的大きな声でコミュニケーションをとる必要がある。私はこのクラブ特有の距離の近さが好きである。

「マキダシさん、ちょっと聞いてもらいたい話があって」

「もちろん、聞かせてくれよ」

「多分話してなかったと思うんですが、俺、家族が呪いで死んでまして――」

「流石にそれは、こっちで話そうか」

私は動揺に気づかれないようにリキの肩をガシッと抱き、ブルーノマーズのかかる呑気なフロアを後にした。

クラブから出て、雑居ビル内の少し離れた階段の踊り場に移動する。楽しそうな音漏れが聞こえる中、ひんやりとしたパイプ椅子に腰かけると、リキはおもむろに語り始めた。

リキは出生直後より、青森県の南部にある父親の実家で育てられた。リキの父親は建築関係の現場職人であったが、仕事をサボってはパチンコに没頭するような生活を送っていた。また、生粋のバイク乗りでもあり、リキが生まれてからも週末は必ず友人とツーリングに出かけていた。一方リキの母親は、美容師として真面目に働きながら家計を支える苦労人で、明朗な人柄でこそあったものの、嫁ぎ先での姑との確執に辟易《へきえき》していた。もちろん自由奔放な夫は、姑との間に入って自分を守ってくれるわけではなかったため、リキの母親は仕事に追われながら、まだ小さなリキを育てつつ、一人孤独に義実家での生活を耐え忍んでいた。しかし、そんな日々は長くは続かず、リキの両親はリキが三歳のころに離婚することとなった。両親の離婚後、リキは母親のもとに引き取られた。

「多分、父はあんな感じだったみたいですけど、母との仲自体は悪くはなかったんだと思うんですよ。離婚後も父方の実家には定期的に顔を出していたんで。ただ、その時も母親と父方のばあちゃんはあまり話さないというか、なんか変な雰囲気だったんすよね」

リキは続けた。

離婚の直接の原因は嫁姑問題にあった。リキの父方である坂田家はリキの父親が例外的に社交的な人間だったが、彼を除くと閉鎖的な性格の人間が多く、その中でもリキの祖母である「タエばあちゃん」は特段無口なうえ気難しく、威厳に満ちた独特なオーラを放っていた。親戚にも「何を考えているのかわからない」と恐れられるような人間であった。

タエばあちゃんはリキに強く当たることはなかったが、リキの母に対しては特に高圧的で、子育てに関しても一切の協力をしなかった。当時リキは父方の実家の近所にある保育園に通っていたが、母親が仕事の立て込むような時期であっても、母親の代わりにリキを迎えに行くことは一回たりともしなかったという。

そんな状況もあり、離婚の際にリキの親権は母親のもとへと渡ったのだが、祖母はそれを快く思っていないようであった。

当然といえば当然の顛末であるが、未婚者も多い坂田家にとって、唯一の世継ぎ候補でもあったリキが奪われてしまう形となったのである。

リキと母親は、県内の津軽地方にある母方の実家、荒木家での生活を始めた。広大な敷地に多くの農作物が生《な》る農業一家の荒木家に移って以降、リキは心身ともにすくすくと成長していった。父方・坂田家に比べて、荒木家は朗らかで友好的な人間が多く、地域との交流も盛んであった。

リキが母方の実家に移り三年が経とうとしていたある日、リキの母方の祖母が畑作業中に農機具で腕を切る大けがを負ってしまった。もう何十年も毎日のように触れ続けて来ている、使い慣れた農機具がその日に限って誤作動を起こしたという。命に別状はなかったものの、これまで健康が取柄だった母方の祖母は気力も減退したのか、そのまま肺炎を併発し、げっそりとやせ細ってしまった。肺炎の治療のため、数日入院をすることになった祖母の、異様にやつれた表情を未だに忘れられないとリキは言う。

祖母が退院してすぐに、ある女性が祖母に会いに来た。人づてに聞いた祖母の様態が心配で様子を見に来たというこの女性は、この地域で「カミサマ」と呼ばれる現役のシャーマンであり、毘沙門天や龍神を代々祀っている信心深い荒木家のよき相談役でもあった。

青森県の伝統的なシャーマンといえば、イタコが全国的に有名であるが、津軽地方の一部の地域ではこの「カミサマ」と呼ばれる女性がいまだに存在している。

イタコが死者の霊を口寄せして憑依させるのに対し、カミサマは名の通り、天啓（お告げ）を伝えるべく神を憑依させることができる。死者を降ろすことはできない代わりに神の力をお借りして憑き物を祓ったりすることもできるといわれている。

また、修行を積み「お許し」を受けてから成るイタコに対し、カミサマは病気の回復祈願などの個人的な極めて強い祈祷の経験がきっかけとなり、一代限りの霊的な力を有するようになったものである。世襲制ではないため、現代では数が少なくなってきているようであるが、青森県の津軽地方を中心にわずかに残存している。

カミサマはリキの祖母を見るや否やこう言い放った。

「あんた、狐だね」

「えっ」

「良くない狐が憑いているね」

カミサマによれば、どうやら母方の祖母に立て続けに起こっていた不幸は「狐憑き」によるものだという。家族は顔を見合わせた。

「その時はまだ自分も小さかったんで、いまいちよくわかってなかったんです。信心深い家であったことは理解していたので、体調の回復を祈願してお祓いをお願いするんだろうくらいに思ってました。」

当時を思い返しながらリキは続けた。

後日、荒木家の人間が全員カミサマの霊堂に集められた。カミサマの霊堂は山間に位置した小さな木造家屋だった。中に入ると既にお祓いの準備が始まっていた。

リキは幼いながらに、「これからこの先の人生に関わるような重大なことをするんだろうな」と思った。まずは狐が憑いていると言われた祖母のみが別室に移動し、個別でお祓いを受けた。お祓いを受けた祖母の顔は精悍《せいかん》でキリッとしたように見えた。

その次に残りの家族が別室に呼ばれ、全員一緒にお祓いを受けた。

リキはこの日の事は印象深く鮮明に覚えているものの、お祓いの部屋に移って以降の記憶は曖昧であるという。

お祓いを受けて以降、祖母に立て続けに起こっていた災難はぴたりと止み、祖母も週を追うごとにみるみる回復していった。

すべてが順調にいくかと思った矢先に、リキは不思議な体験をした。

ある晩、いつものように母親と一緒に就寝していると、リキは枕元に気配を感じた。ふと目を開けると、そこには父親が立っていた。部屋は暗く、はっきりと顔は見えなかったが、不思議とリキにはそれが父親であるという確信があった。

父親は無言のまま、リキと母親の眠る枕もとを横切ってゆく。

「とうちゃん!!」

喉の奥から声を絞り出すと、父親は部屋の暗がりにスゥーっと溶けていなくなった。

「あんた何言ってんの」

母親がリキの声に驚いて目を覚ます。

ハッとリキも我に返る。もちろん、ここに父親などいるはずもない。

時計を見ると夜中の二時を回ったところだった。

不思議と恐怖心はなく、母親になだめられながらリキは再び眠りについた。

翌朝、リキが目を覚ますと、家中に重々しい空気が漂っていた。

リキが皆の異変に気付いたことを察したのか、母は少し躊躇いがちに重い口を開いた。

「お父さんね、昨日死んじゃったみたい」

リキは絶句した。同時に、昨晩自分の枕もとに父親が現れた理由が分かった。

リキの父親は夜中にもかかわらずバイクに乗って出かけ、山道で対向車と衝突し跳ね飛ばされた。父親は、無残にもガードレールと路面の間に折れ曲がって挟まった状態で発見されたという。

「普通の死に方じゃないと思うんですよね。なんか不自然な力が加わったような事故現場だったみたいです。離婚していたとはいえ、母親も自分も、もちろん悲しんでいたのですが、母だけはなぜか、こうなることが事前にわかっていたような、妙な冷静さというか、受け入れがあったような気がしたんですよね」

リキの父親の葬式には父親の友人が大勢訪れた。ヤンチャそうな人も多く手を合わせに来ており、父の生前の明るい性格と交流の広さを物語っているようだった。

タエばあちゃんはこの一件ですっかり焦燥しきってしまい、土気色の顔をしてぼーっと参列者を見ていた。瞳にも今までのようなジトッとした力強さはなく、生気の抜けた人形のようになっていた。タエばあちゃんはいま、どんなことを考えているのだろうかと、リキは少し複雑な思いで手を合わせた。

数年の月日が経ち、リキは地元の中学に入学した。父方の実家との交流は、以前のような頻度ではなくなったものの、盆や年末年始には母親とともに顔を出しては、父親の墓参りを行っていた。タエばあちゃんには昔のような覇気は残っておらず、体格も大きくなりつつあった当時のリキにはとても弱々しく感じた。

中学校に上がるというのにリキのことを未だに「リキちゃん」と呼びニコニコと手を振る、思春期のリキにとっては、なんともむず痒い存在になっていた。

ある年の盆、例のごとく父親の実家に向かう車の中で、ふいに母親が話し始めた。

「リキも大きくなったから話しておこうと思うんだけど」

「うん」

「薄々気づいているかもしれないけど、お父さんね、多分呪いで死んでてさ」

リキは息をのんだ。

「ごめんね、いつか言おうと思ってたんだけど」

そう前置きをすると、母親は続けた。

「リキが小さいときにウチのおばあちゃんが具合悪くなって入院して、お祓いとかやったじゃない。あのときは単純に、よくないことが続いているのが狐の仕業だって話したと思うんだけど……あれはね、儀式だったの」

母親曰く、事の顛末はこうだ。

カミサマが祖母の様子を見に来た日の晩に、カミサマから祖母に電話があった。

内容は大きく二つ。一つは、狐は親族のだれかから飛ばされているということ。二つ目は狐を「返さ」なければ、祖母の命の保証はないということであった。

祖母は自らの家族に降りかかっている事態の状況を理解し、改めて愕然とした。

同時に、狐を飛ばしている身内の人物について、到底考えたくもないような想像をしないわけにはいかなかった。

狐返しを行うにおいて、カミサマに事前に言われたことがあった。

それは「この手の呪いは、相手の家系に対して行われるものであり、通常呪いを返した場合も、直接呪った本人にピンポイントで呪いが返るとは限らない。むしろ、その家系の誰かに呪いが返ってしまう可能性も十分にある」といったことであった。

呪いを送ってきた家系の誰かに不幸が起こる。

祖母はいろんな可能性を考えたが、少なくとも、自分や家族にこれ以上何か起こっては困るため、背に腹は代えられないと思い、ついには狐を返すことに決めたのであった。

かくして、狐返しは実行され、そこからわずか数週間あまりでリキの父親は亡くなってしまった。

リキはすかさず言った。

「まぁ、家族みんなわかってたみたいです。こんなことするのはタエばあちゃんしかいないだろうって。ただ、親父のもとに狐が返ってしまったというのは、誰も予想してなかったと思うんですけどね」

私はふと気になったことを訊いてみた。

「リキ、お前その話を、タエばあちゃんもいる父方の実家に向かう途中の車で聞いたんだろ？　その後どんな気持ちでタエばあちゃんに会ったのよ」

「怖かったっすよ。もちろんタエばあちゃんもですし、呪い返しで人が死んでるのに、そんなことがあっても毎年盆と正月にはちゃんと顔を見せに行って、表面上は仲良く接しているうちの母親のふるまいも含めて」

リキは苦笑いした。

「自分ではわからないんですが、やっぱり成長するにつれて父親に似てきているみたいで。タエばあちゃんもそんな成長を定期的に見たかったんじゃないですかね」

結局、驚くべきことに、この二家間の交流はリキが高校に入る手前まで続いたそうだ。

リキの母親は、年々成長し大人びていくリキの姿を誇らしく思っていたのであろう。

義実家に行くたびに、リキの成長ぶりを死んだ父親と比較し饒舌《じょうぜつ》に語った。

反対に、タエばあちゃんは「リキちゃん」呼びをいつまでも止めず、後年まで、まるで女児でもあやすかのような口調でリキと話した。かつての気難しく威厳に満ちた風格は完全に消失していた。そして、この二人のやり取りのぎこちなさには拍車がかかったようであった。

私はこの親戚同士の呪いの顛末を聞き、一種の戦慄を覚えた。

親族とはいえ、狐を飛ばし呪いをかけた相手と素知らぬ顔をして交流し続けたタエばあちゃんには、何かそれ相応の事情があったのだろうか。

リキの母親にしても、嫁として同居していた時期には自身が強く当たられ、実の母親を狐憑きによって殺されかけ、最終的に自分の元夫が亡くなるきっかけとなった義母の存在や行為は、到底許されるようなものでなかったはずだ。

ここからは私の邪推であるが、リキの母親は、どんどん成長して父親に似ていくリキの姿を義母に見せつけてやりたかったのではなかろうか。

義母が狐を飛ばしたことで息子を死なせたという後悔を忘れさせないように。

一方で、タエばあちゃんは、坂田家の跡継ぎ候補の長男として生まれたリキが出ていってしまったことで「男性の子孫」として認めたくなかったのではなかろうか。

年々男らしさを増すラガーマンのようなリキを、あえて「ちゃん付け」で呼んでいたのも、そんな理由なのではないかと思った。

リキが高校にあがり、部活やバイトでなかなか家族との時間を作れなくなったために、自然と義実家への訪問の習慣は廃れ、やがて両家は疎遠になった。

嫁と姑の対決は、かくして静かに幕を下ろしていったのである。


あまりに陰惨な身内話に、私はリアクションがうまくできずにいた。

数秒間、やや気まずい沈黙が流れる。

「マキダシさーん、そろそろライブのスタンバイお願いします」

あたかも空気を察知したかのように、ライブのタイムキーパーがクラブの扉から顔をのぞかせた。

私は内心ほっとした。

「あっ、ごめんなさいマキダシさん。俺すごい話し込んじゃって」

「いやぁ、いいよリキ。むしろものすごい話を聞かせてくれてありがとう」

私は続けた。

「それにしてもだ、リキ……お前の親族は一人残らずみんなおっかねぇな」

リキは、ふふっと笑うと、ポリポリと頭をかいた。私は何とも言えない後味の悪さを、手元の薄まった酒で無理やり流し込み、ステージに向かった。

わちらのお父さん

私の医師の知人に、安田先生という四十代の男性医師がいる。産科の医師として大学病院に勤務する彼は、他人と異なる特殊な体質を持っている。彼はいわゆる「見えるドクター」なのだ。

関西出身の安田先生は、三人兄弟の末っ子であったが、ほかの兄弟や父親はこの体質を持っておらず、先生と母親のみが幼少期より日常的に「この世の者ではない人々」を目にして過ごしてきた。先生の母親は、日常的に目にする生者以外の存在のことを「あちらさん」と呼んでいたそうで、気づくと「あちらさん」は安田家の共通言語となっていた。

私はこの先生からこれまで数回、ご自身の体験した「あちらさん」とのエピソードを聞かせていただいている。今回は先生と初めて会った日に聞いたお話の一つを紹介しようと思う。

ある夏の夜、「霊が見える面白い先生といるから、今から一緒に飲まないか」と大学時代の同期からラインが届いた。私は正直半信半疑であったが、とりわけその日は予定もなかったため、指定された居酒屋に向かった。

案内された席に着くと、顔なじみの同期や数名の、おそらく研修医であろう若手医師とともに、口ひげを蓄えた恰幅のいい男性が座っていた。

「初めまして、産科の安田といいます。ほら座って」

安田先生に促されるままに席に座る。

どうやらこの一行はこの店が二軒目らしく、全員が少し赤ら顔で、程よく酔っぱらっているようであった。しばらく自己紹介や他愛もない話に花を咲かせていると、おもむろに安田先生が話し出した。

「ところで、先生諸君、病院で霊が出やすい場所ってどこだと思います？」

霊安室だの、手術室だの、思い思いの場所を挙げていく若手医師達。しかし、どれも正解ではないという。安田先生はニコッと笑ってこう答えた。

「正解はね、全部です」

思わず、本当に今夜ここで興味深い話が聞けるのかが不安になってしまい、私を誘った同期を少し恨めしく思った。

安田先生は続ける。

「基本的に、病院も病院以外でも大きく変わりはないんですよ」

先生は笑いながら更に続けた。

「病院にもそれぞれ、あちらさんの分布図があってね。まぁ、概ね生きている人と変わらないんだけど。例えば、小児科病棟にはやっぱり子供や母親が、比較的高齢者の多い内科病棟なんかではおじいちゃんおばあちゃんがいらっしゃるのよ。こちらの人間も、あちらの人間も」

私は目から鱗であった。

確かに、病院は診療科ごとに患者さんの性別や年齢といった分布がかなり異なる。ならば、大学病院や大規模の総合病院では、それぞれの診療エリアごとに出現する霊の分布が存在していてもおかしくはないはずである。何よりその発想自体がこれまで全く考えにも及ばなかった。

この話を聞いて、私の中での先生への期待値がグッと上がった。

「大学病院でね、変わったことが起こったんですよ。私が大学の産科医師になって間もないころの話なんだけどね、産科の外来や病棟に、どういうわけか、男の霊が出るようになったんですよ――」

既に私は今夜の収穫を確信していた。


春先のある日、安田先生は大学病院の外来診療をしていた。

もちろん外来であるため、出産がまだ迫っていない、妊娠週数に比較的余裕のある妊婦さんが中心である。

診察の合間に少し休憩していると、外来棟の廊下を見慣れない男性がスーッと歩いている。見た目は三十代から四十代のやせ型で、異様にぎょろっとした目をキョロキョロ動かしながら何かを探すかのように歩いていた。そして何より全くと言っていいほどに、生気を感じないのである。先生は直感した。

――あちらさんか。

産科病棟に男性の霊とは珍しいなと思ったものの、診療もあるのでその場ではあまり気に留めなかったという。

翌週、七階にある入院病棟で、出産間際の入院患者を見回りしていると、先週外来で見たのと同じ男性を見かけた。

おや、ここにも現れたのか。

相変わらずギョロっとした目で何かを探しているかのように歩く。

さすがに少し不審に思ったが、すぐに一つの結論にたどり着いた。

安田先生がこの大学病院で勤務し始める数月前、緊急搬送されたある母子が共に亡くなる事案があった。

近年は産科領域でも救急救命の救命率は上がってきており、母子ともに命を落とすケースは非常にまれになった。とはいえ、何が起こるかわからないのが臨床の現場である。

本例では救急受け入れ困難が続き、とうとう母体のショックにより搬送中に様態が悪化、病院に運び込まれたときはもう既に蘇生は困難な状況となっていたのだ。

そして、三人家族を夢見て疑わなかった父親は、唐突に一人きりになってしまった。

安田先生はこの父親がもしや自死でもし、こちらの人からあちらの側へ行ってしまい、その結果、奥さんと子供を探すために病院に現れたのではではないか、そう思ったという。

ふと気になった安田先生はその男性を追ってみることにした。

するとどうだろう、男性はするすると廊下を進むとある病室に入っていった。

安田先生もさりげなくその病室を覗き込む。

男性は朗らかな笑顔で入院している妊婦さんと仲良さそうに話をしているではないか。

——となると、あちらさんではなかったのか？

そんなことを思っていると「先生」と、後ろからいきなり誰かに呼び止められた。

振り返ると産科病棟の看護師長だ。

「先生、もしかして、気づいちゃいました？」

「え、どういうことです？」

「あの方ね、今、全く別の二人の女性のパートナーとして、それぞれこの病院に来ているんですよ。一人は外来の方で、もう一人がこの入院してる方。一夫多妻じゃあるまいし、どうするんでしょうね。よりによって同じ時期に同じ病院に通うことになって」

安田先生はあまりのことに気が動転してしまった。

師長は続ける。

「苗字が違ったのでしばらくわからなかったんですが、最近になって病院サイドが気付いたみたいで。トラブルになりかねないから、外来の方のお母さんに、待ち時間が少ないからと言って関連病院に移って頂こうかって話になっているみたい」

男性が妙にキョロキョロと見回しながら病院を歩いていたのは、万に一つでもそれぞれのパートナー同士が鉢合わせしないように気を張っていたからか。合点がいった。

それにしても、この男性もなかなかに気味の悪い夫である。色々な可能性を想定してはみるものの、どれも善良な結論には至らなかった。


妊娠週数的にも先行していた入院女性が出産をし、続いて数週遅れで外来の女性が出産し、それぞれ母子共に一週間ほどで無事退院となった。

その後も安田先生はこの男性を共通の父親とする赤の他人同士の二家庭の存在が気になっていたが、思わぬところから後日談を知ることとなる。

安田先生がこの病院の地域の定期健診バイトをやっていた時のことである。数週違いでこの両家が同じ会場にやってきた。どちらも母親と子供のみで父親の姿はなかったが、この二家庭にはある新しい共通点が生まれていた。

娘の名前が完全に一緒だったのである。

先生はこの事実に気づいた瞬間に、背筋がぞっとした。

いったいこの家族に何が起きているというのか。

父親はどんな意図があってこんなことをしているのか、先生は気になって仕方がなかったが、あまり深く関わらないほうがいいのかな、と思うことにした。

ちなみにその娘の名前はもちろんここでは伏せるが、クラスに一人はいるような一般的な名前ではなく、あまり常用とは言い難い、やや人名では珍しい漢字が一文字入っているという。

「先生諸君はこの父親をどう思います?」

唐突にこんな不気味な話を聞かされ、若手医師はみなフリーズしてしまっていた。

ふふっと笑い、先生はこう付け加えた。

「わたしはね、この父親、なんだかんだ言ってやっぱり、こちらの方じゃなかったのではないかと思っているんですよ。だってね、おかしいんですよ。その日から健診バイトの度に意識してたんですが、その地域に、この子らと全く同じ名前の女の子が異様に沢山いるんですよね……」

あの父親は何者なのか。あちらさんなのか、こちらさんなのか。

あのギョロっとした目は何を探していたのだろうか。

安田先生はまたあの父親に出会ってしまうのか。

令和に入ってから、関東某所で聞いたお話である。

真っ暗な分娩室

その日私は、大学時代に住んでいた街を当時の学友と巡っていた。

最寄りの駅から降りると未だに不思議と昔住んでいたアパートの方に足が向かう。

そして、メンバーのうち何人かが当時住んでいた、馴染みの商店街の入り口にある居酒屋に入る。

いつになく酒が進んでいたこともあり、珍しく仲間と仕事の愚痴をこぼしていた。

話題はそのうちに、医療の範疇ではどうにもならない、超現実的な出来事の話になった。とりわけホラーやオカルトに精通しているメンツではなかったものの、大なり小なり皆思い当たる節はあったようで、話はやけに盛り上がった。

そんな中、少し神妙な面持ちで同期の米田先生が話しはじめる。

「これ、ちょっと気分悪くするかもなんだけどさ、話してもいい？」

「よっ、待ってました！」

米田先生はズズッと梅サワーを飲み干すと話し始める。

米田先生は大規模総合病院の産婦人科医であり、まだ若手なので週に何日かの病棟当直をしている。

昨今は医師にも働き方改革を求める動きが本格化し、一昔前よりはだいぶマシな診療体制となったが、それでもなお、それなりにハードな生活を送っている。

産婦人科医の夜間の仕事といえば、やはりメインは夜中のお産で、多い日では一晩に数件の分娩に立ち合う。研修医時代は当直明けは早く家に帰して貰えたが、働き盛りの若手医局員はそうもいかない。

当直明けも通常勤務に切り替わり、結局ほぼ丸二日弱ぶっ続けで仕事をこなす日もある。もちろん当直中はお産や緊急手術で呼び出されなければ、医師用の当直室で眠ることはできるが、米田先生曰く彼の勤務先は当直ベッドの質があまり良くないこともあり、若い彼であっても当直は身体に相当堪《こた》えるという。

また、当直明けの朝は日勤の医師が出勤するまでに、一人で病棟の全患者の状態を確認しながら病棟内を回周する「朝ラウンド」をこなさなくてはならない。

これがまたなかなかに大変なのである。

ある当直明けの朝、米田先生はいつもの如く朝ラウンドをしていた。

「先生、おはようございます」

声のする方を振り返ると、出産間近のため入院しているAさんであった。

Aさんはもともと米田先生の受け持ち患者で、入院して以降もよく挨拶をしてくれる方だった。Aさんは続けて言った。

「先生、昨晩は分娩お疲れ様でした。ずいぶん遅い時間まで赤ちゃん泣いてたから、なかなか大変だったんじゃない？　ちゃんと寝られました？」

——はて、昨日は珍しく分娩が一件も無かったわけだが、どうして赤ちゃんの声が聞こえたのだろう。

そんなことを一瞬思ったが、時間のない朝のラウンドの途中だったこともあり、適当に話を合わせると、すぐに仕事に戻った。

この病院では、生まれた赤ちゃんはすぐに小児科の新生児ケアユニットに預けられるので、産婦人科の入院病棟では、基本的に分娩のタイミングでしか赤ちゃんの泣き声は聞こえない。

ましてや真夜中なら尚更だ。

そんな事を考えながらも、ラウンドを終える準備をしている時だった。

「あら、昨日は先生が当直だったのね」

目の前に現れたのは、Bさんという別の妊婦さんだった。

そして、この方もまた直近に出産を控えていた。

「先生、昨晩は長時間の分娩お疲れさまでした」

「えっ」

「私も夜中に突然来るかもしれないし、昨晩みたいに長丁場になるかもですもんね。改めて頑張らなくちゃって思いましたよ」

咄嗟に返す言葉が見つからなかった。さすがに二人に続け様にそんなことを言われてしまっては気味が悪い。気になった米田先生は、ばかばかしいと思いながらもナースステーションにいる夜勤明けの看護師に話しかけた。

「昨日さ、夜中に赤ちゃんの泣き声を聞いたって患者さんがいたんだけど」

「あ、その話でしたら私も聞きましたよ。幻聴ですかね？　Cさんですよね？」

「え……Cさんもなの？」

米田先生と看護師は顔を見合せた。

結局その日だけで、入院部屋もバラバラで互いに交流のなかったAさん、Bさん、Cさんの三人の母親から、分娩が無かったにも拘わらず赤ちゃんの声が聞こえたという話があがった。

さらに驚いたことに、三人の母親が声を聞いたのは全く同じ、病棟の西の端のほうであった。ここにはもう数年使われておらず、完全に病棟の物置になっている旧分娩室がある。

外景上、全くと言っていいほど分娩室だとはわからないような作りになっているこの部屋のほうから、夜中じゅうずっと赤ちゃんが泣く声がしていたという。

間もなくその三人のお母さんはそれぞれ、無事に赤ちゃんを出産した。

どの家庭の子も健康であったが、母親のほうが揃いも揃って全員、気分の落ち込みを訴えるようになってしまった。

症状は数日遷延《せんえん》し、なにより一人として落ち込みの理由をはっきりと伝えようとはしてこなかった。産後うつの可能性も疑われたため、精神科が介入となった。

症状が安定するまで少しだけ入院が長引いたものの、三人とも無事症状は落ち着き、自然な笑顔が見られるようになったため、それぞれ退院していった。

退院から一ヶ月後、この三組の母子は一ヶ月検診のために、病院の米田の元に集まった。そこで母親たちは口々に全く同じ内容の話をし始めたという。

子供が産まれる前夜、この三人の母親それぞれが、全く同じ夢を見ていた。

真っ暗な分娩室の分娩台に、自分が寝ており、床には自分と臍《へそ》の緒で繋がった赤ちゃんが横たわっている。

「オギャーオギャーオギャーオギャー」

赤ちゃんは泣いているが自分は全く動けず、誰も来る気配はない。

しばらくすると、ぴたっと赤ちゃんが泣き止んだかと思うと、すうっと、まるで大人の人間のように立ち上がると、母親の目をじっと見つめる。

母親は緊張とパニックで動けなくなる。

ぐーっと赤ちゃんの顔が母親の顔の目の前まで近づいたかと思うと、

「あなたはいいよね」

はっきりとした言葉を発した。

「あなたはいいよね、あなたはいいよね、あなたは、あなたは、あなたたちは、いいよね、あなたは、あなたは、あなたたちは、いいよね――」

そう叫びながら、母親のこめかみを掴んでぐわんぐわんと頭を前後に揺さぶった。

母親は声にならない声で必死に叫ぶ。

「やめて、なんなのよ、やめてーーー」


ここで目が覚める。

冷や汗と共に頭が割れるような激しい頭痛があった。本来ならナースコールでも押しかねない状態であったが、出産を直前に控えてこんな夢を見たと医療者に報告するのはどうしても憚《はばか》られたようで、入院中は誰にも相談できなかったという。

産後うつの原因も、この夢を契機に不安が溢れ出したことがきっかけであったそうだ。

米田先生はどうしても、この三組の母子に何が起こっていたのかを知りたくなり、それぞれのカルテを遡った。

すると、この三人の母親に一つの共通点があった。

この三組の母親はみんな、二十年ほど前に堕胎を経験していた。

しかも、全員が当時、比較的重症の状態で病院に緊急搬送されており、ある共通の術式の胎児除去手術を経験していた。

当時は今ほど分娩の技術も進歩していなかったため、母子ともにリスクのある場合は「母体優先の原則」が徹底されていた。

母体の命を優先して守るために、強制的に妊娠を終了させなければならないケースでは一刻を争う場面もある。そんなシチュエーションでは、胎児は母親の子宮口から挿入されたペンチのような器具で、心拍が観測されなくなるまで頭をグチャッグチャッと潰してできるだけ素早く取り出す手技が行われていた。

「あなたはいいよね、あなたたちはいいよね」

あの真っ暗な分娩室の夢は、当時生まれることができずに亡くなった、水子達によるものなのだろうか。

「本当は水子供養でも勧めてあげればよかったのかもしれないんだけどさ、いかんせん医者がそんなオカルトじみた話をしてもねぇ。

それに産科の医師は一ヶ月検診を終えたら、児にも母にも会う機会がほとんどなくなるからね。このお母さん方が今でも真っ暗な分娩室の夢を見て、頭が割れるような頭痛で目が覚めたりしていないことを切に願うよ」

うつろな目で米田先生は話を締めた。

医療の範疇ではどうにもならないこともある。そんなお話であった。

隈取りばあちゃん

雄二さんは十代のころ、相当なヤンチャ少年だった。

中学時代はとにかく血気盛んで、隣の中学の不良との喧嘩に明け暮れていた。夜の二十二時に家を抜けだしては、中学の学区を分かつ川沿いの公園に集合し、まるで縄張りを争うかのように他中の不良と喧嘩をしていた。

補導された経験も一度や二度ではなく、地元の警察から過去最年少でマークされているという噂もあり、ちょっとしたカリスマ的存在でもあった。

雄二さんは小学四年生の時に癌を患った父親を闘病の末、亡くしていた。

それ以降、母は家計を守るために毎晩忙しく働き出し、雄二さんはほとんど祖母に育てられていた。祖母は慎ましやかであるが優しく、当時の雄二さんは自他ともに認めるおばあちゃんっ子だったという。

正直、まだまだ本音を言えば母親に甘えたりない気持ちでいっぱいだったが、小さいなりに状況を理解し、折り合いをつけていたという。

そんな我慢がいつしか彼を非行に走らせていたのかもしれない。

最初は駄菓子の万引きから始まり、やがて文具を万引きしては、盗品を後輩に売りつけるようになった。中学に上がるころには飲酒、喫煙を覚え、ついにはバイクの無免許運転や恐喝と、不良のエリート街道を突き進んでいった。次第に母親との衝突も増え、段々と実家に帰らない日が増えていった。中学の先輩に連れられて、暴走族の集会に挨拶をしに行った時期もあったという。

このまま悪の道を極めていくんだと、自らも信じて疑わなかったある日、雄二さんは妙な噂を耳にする。

それは雄二さんの祖母が最近奇抜な化粧をして出歩いている、というものであった。

話を詳しく聞いてみると、どうやら奇抜な化粧というのは、まるで歌舞伎役者の隈取りのようなものだという。そんな顔をしてここ数日スーパーに行ったり、庭の手入れなどをしていたらしい。その様子を見て一部の者は笑い、また一部のものは認知症や精神疾患の類を心配したという。

雄二さんは苛立ちを隠せなかった。自分が不良として舐められまいと気合を入れて積み重ねてきたプライドと振る舞いの数々に泥が塗られたような気持ちになった。

久々に実家に帰り、おばあちゃんを探す。

育ててくれた祖母とは言え、今の自分が舐められるきっかけになるならば容赦はできない。そんなことを思っていた。

祖母は裏庭で草をむしっていた。つばの広い麦わら帽をかぶっていたが、明らかに顔色が真っ白であり、隈取りを施しているのがわかった。

雄二さんが近づき、勢いよく帽子をとった。

肌はべったりと真っ白く、口の周りには赤いラインが、目の周りには黒々とした縁取りがなされていた。まさに、歌舞伎役者の隈取りであった。

「おい、ババア、お前がそんな格好して表に出るから、俺が舐められるじゃねえかよ」

雄二さんは強い口調で祖母に向かって放った。

思うと、祖母に対して暴言を吐いたのは、後にも先にもこの一回きりであった。

「ごめんね……」

消え入りそうな声で謝る祖母の目を見る。

雄二さんは、ふとあることに気が付き、自分の目を疑った。

どうやら祖母の隈取りは化粧ではなく、充血や青あざに近い皮膚の変色や浮腫であったのだ。

一瞬、雄二さんは言葉を失った。

祖母はしわがれた声で経緯を説明した。


「私ね、自分の目の前で大切な雄二ちゃんが、道を踏み外していくことが耐えられなかったの。お母さんが忙しい分、もっとおばあちゃんがさみしい思いをさせずにいられれば、あなたは道を誤らなかったんじゃないかと思ってね。そんなことを毎日毎日考えていたんだけど、私ももうこんな年だし、もうすっかり家にも帰ってこなくなりつつあるあなたに、してあげられることは、もはや祈ることしかないと思ってね。毎日仏壇に手を合わせながら、あなたが素直でいい子だったころの写真を眺めて拝んでいたの。こんなことしかできなくてごめんね」

頬には涙の跡があった。雄二さんは、そのまま立ち尽くした。

「自分でも笑っちゃうんだけどね、一昨日もいつものようにお祈りをして眠ったんだけどね、そしたら昨日の朝、起きたらこんな顔になっていたのよ」

祖母は口を大きく開いておどけて笑って見せた。泣き笑いだった。

雄二さんも思わず表情が柔らかくなった。

「でもね、おばあちゃんちっとも心配していないの」

そう言うと、祖母はこう続けた。

「ひいおばあちゃんから昔聞いたんだけどね。ひいおじいちゃんが肺炎で昔入院して、かなりの重体になったときにね、ひいおばあちゃん毎日毎日、回復を祈願して一生懸命に拝んでいたんだって。そしたら、ある朝、ちょうど今の私みたいに、顔が隈取りみたいになったそうなの。最初は一家みんなで大騒動だったみたいなんだけどね、その隈取りが浮かび上がってきた日から、ひいおじいちゃん順調に回復していったみたいなの。そして、おじいちゃんの症状が少しずつ良くなっていくのに伴って、少しずつ隈取りも薄くなっていったんですって」

雄二さんはこう振り返る。

「なんか嬉しそうなばあちゃんの顔を見てたら、きっと色んなことがどうでもよくなったんだろうね。これが、うちの家系の女性に伝わる祈祷の力なのか何かは未だにわかりませんが、とりあえず、結局自分も今思うとこの日が転換期だったんだよなぁ」

この雄二さん、後に猛勉強をし、数学偏差値八〇越えを達成し早稲田大学に入学。

ゼミの教授と折が合わずに中退をするものの、実力派塾講師としてある地方で大活躍をしているというのだから、人生は全くわからないものである。

祖母の隈取りはとっくに跡形もなく消失しているという。

川奈まり子

八王子出身。怪異の体験者と土地を取材、これまでに5000件以上の怪異体験談を蒐集。怪談の語り部としてイベントや動画などでも活躍中。単著は「一〇八怪談」「実話奇譚」「八王子怪談」各シリーズのほか、『実話怪談 穢死』『家怪』『赤い地獄』『実話怪談 出没地帯』『迷家奇譚』『少年奇譚』『少女奇譚』など。共著に「怪談四十九夜」「瞬殺怪談」「現代怪談 地獄めぐり」各シリーズ、『実話怪談 犬鳴村』『嫐怪談実話二人衆』『女之怪談 実話系ホラーアンソロジー』など。日本推理作家協会会員。

恐の家族

幻の家族

昭和の頃、東京の下町にある鮨屋《すしや》には佳《よ》い店が多かった。大将が一人、若い衆が一人か二人で、女将さん兼お運びさんがいる。カウンターだけか、テーブルか上がり席は、あったとしても一つだけ。そんなふうな店が、意外なほど旨い鮨を出した。

実《みのり》さんの両親が経営していたのが、まさにその種の鮨屋だった。

商店街の表通りから少し外れた路地に面していて、店の造りはいわゆる鰻《うなぎ》の寝床。狭い間口にのれんが掛かり、引き戸を開けて入ると、もれなく大将と目が合ってしまう。

「へい。らっしゃい」

活きのいい生魚と酢飯の匂い。好運な客は、出来立てのだし巻き玉子や兜煮を勧められるかもしれない。常連客になれたらしめたもので、たまに大将が「新作だよ」と言って洒落た握りや工夫した肴を試食させてくれたり、「お任せで」と言っても好みの鮨を懐具合に合わせて出してもらえたりする。

元気者の女将さんだった母が七十手前で癌に倒れると、実さんの父は、そういう鮨屋を畳んでしまった。惜しまれつつ閉店して、自分は仲間の店に働きに行くようになった。

「もう一軒うちを建てる甲斐性もねえし、お母さんを家で大往生させてやりたいからよ」

鰻の寝床は一階の店だけの話で、二階が家族三人の住まいになっていた。建物全体の形をたとえるなら、マッチ箱を立てたような恰好である。

実さんが三歳ぐらいの頃に建った、父の城であった。昔は「一国一城の主」という言葉が父のお気に入りだったものだ。世の中の景気が悪くなり、小さな個人経営の飲食店の経営が曲芸のように難しくなってしまってからは、あまり聞かれなくなったけれども。

閉店した頃、実さんは四十過ぎで、外でフルタイムの仕事に就いていた。貯金を切り崩して家をリフォームし、方々に手すりや車椅子用のスロープを付けた。暇を見つけて老人介護や癌患者を看取るための勉強もした。すべて母のためだった。

二年後、母は、本人と父の望み通りに、この家で息を引き取った。

実さんは介護の時間を捻出するために、一年あまり前から仕事をアルバイトに切り替えていた。四十代で元の仕事に戻るのは容易ではないけれど、幸い、「だったら結婚しちゃう？」と申し出てくれる恋人がいた。陽気で軽やかな雰囲気の男だが、実は堅実な働き者だから、一緒になるのもやぶさかではないと思っていた。

しかし「私にはお父さんと、あの家が在るからね」と実さんはいつも言っていたのだった。

その父が、母を弔《とむら》って半年後に急死した。

前日まで元気に働いていて、百歳まで鮨職人でいられそうな雰囲気だったのに、朝五時になっても起きてこない。暗いうちに起きて拭き掃除を始める人が……と悪い予感がして見に行ったら、蒲団の中で事切れていた。心不全だった。

鴛鴦《おしどり》夫婦だったから、母と連れ立って天国へ行きたかったのかな、と前向きに考えようとしたが、ついに一人ぼっちになったのだと思えば、店に活気があった時代の記憶が砂浜に打ち寄せる波のように繰り返し想い出されてきて、切なくてたまらない。

一階の鮨屋を手伝ったことは数えきれず、忙しい母に代わって二階の住まいを心地よく保つために家事も分担したりしてきた。

この家で三人で生きていた重みを、あらためて実感した。

——あっけないものだ。

父の葬儀告別式には、かつての若い衆や常連客も来てくれた。「大将と女将さんと、十二、三の頃の実ちゃんがいた店を想い出すなぁ」と涙ぐんでいた人がいて、そう、たしかに受験勉強が忙しくなる前は、よく店を手伝っていたなぁと追憶に囚われた。

ついにお骨を墓に納めて、家に帰ると、長年の癖で裏口から入りながら「ただいま」と独り言ちた。

「おかえんなさい」と母の声が応えた。

空耳だ。そう思うと涙が溢れてきて、洟《はな》を啜りながら一階の洗面所へ駆けていき、ザブザブ顔を洗った。水を止めると静寂が襲い掛かってきて、これがまた、たまらない。いっそのこと空耳でもいいから、父か母が何か言ってくれないかと思っていると、

コトコト、コトコト……。

と、二階から物音が伝わってきた。誰かがいるようだが、人にしては音に重さが感じられない。カタカタ、コトコト、忙《せわ》しなく走り回っているようでもある。

――鼠《ねずみ》かしら。

鮨屋をやっていた時分は害獣害虫の類は天敵だったから、念入りに予防策を立てていた。

だが、店を畳んで以来、だんだんといい加減になってきていた。この界隈には古い飲食店が多く、日暮れて外を歩けば、建物の際や歩道の段差の影を走る鼠の姿をしょっちゅう見かける。

天井を見上げて耳を澄ますと、コトコトカタカタと、まだ音がしていた。二階に行っても聞こえた。ただし天井裏からコトコトと音が降ってきたので、胸の奥にかすかな違和感が生じた。こんな小さな音が一階の洗面所まで伝わるものだろうか？不思議ではあったが、疲労困憊していたので、喪服を脱いで鴨居に掛けると、風呂にも入らず、しくしく泣きながら眠ってしまった。

翌朝は遅くに起きた。と言っても午前八時だから世間並だ。アルバイトのシフトを入れておらず、とりあえず喪服をクリーニング屋へ出しに行って、ついでに近所で外食した。

せっかく休みを取ったので、この日は今後のことを計画するつもりだった。しかし考えがまとまらないまま、日用品を買って帰宅した。

表口から出入りしても差し支えないわけだ。これからはそうしようかな、と思って引き戸を開けると、カウンターの中に父がいて「へい」と威勢よく言った途端に、「なんだ実じゃねえか。そっから入ってくんなよ」と――また空耳だと思いつつ、姿まで一瞬見えたような気がしたのは奇妙ではあった。

でも目を擦《こす》って見直してみれば、檜《ひのき》のカウンターは撤去済みで、一般的なキッチンに改装してあり、父の姿などあろうはずがなかった。

そのとき、天井からカタコトと例の音がまた聞こえてきた。こんど殺鼠剤《さっそざい》を買ってこようと思った。二階に行っても、まだその音は止まなかった。人の気配を察して二階から屋根裏に逃げたのだろうか。

鼠のことを考えていたら、階段の下から母が大声を張り上げた。

「実、もう帰ってきたの?」

「うん。今日は仕事が休みだから」と、自分の声色で誰かが、これまた大きな声で応えた。

凍りついていると、その誰かが、寝室に駆け込んで箪笥の抽斗《ひきだし》を開け閉めし、小走りに廊下を移動して洗濯機を回す音がした。物音、足音、気配。そして声が、階段を駆け下りながら「手ぇ足りてる?」と階下の両親に向かって問いかけるのを、確かに聞いたと思った。

——誰だ？　私か。

他には考えられなかった。衝撃のあまり床にへたり込んだところ、繁盛している店のざわめきが、一階から漏れ伝わってきた。

「へい、お待ち」「大将、鮭の皮焙りに塩つけたやつ握れる？」「出来ますよ。辛いのが大丈夫なら紅葉おろしで如何でしょ」「女将さん、お勘定」「はい只今」「実ちゃん、元気？」

階下で「はい、お蔭さまで。いつもありがとうございます」と言った女が自分でないことの方が変だ。そう思えるほど生々しい幻聴だった。

恐々と一階に下りてみると、電気も点いていない。消してから二階に上ったのだから当然だった。静謐《せいひつ》な元店内に、そこはかとなく鮨屋らしい匂いが漂っていたが、これは天井板に染みついていて改装後も取れなかった昔日の名残に過ぎないはず。

空耳だ。幻聴だ。そう思おうとするそばから、コトコトカタカタと鼠と思われるものが床を鳴らして走り回る音が上から落ちてきて、鼓膜に届いた。

空耳と実さんが決めつけた声や物音は、毎日ひっきりなしに聞こえた。父の一周忌の頃には慣れてしまい、鼠についても、どうせ姿も見えないし食べ物を扱ってもいないのだから、と駆除をする気が失せていた。そんなふうに状況を受け容れていたある日のことだ。

だいぶ前に辞めたアルバイト先からメールが届いた。

何かと思えば、会社の方針が変わったので、請求書をメールで送ってほしいのだという。

しかし、もうそこでは働いていないのだから、先方が何か勘違いしているはずだ。そう思って確認のメールを返信したところ、昔の上司から電話が掛かってきた。

「冗談ですよね？　先週の金曜もシフトを入れていたのに。明日も来る予定でしょう」

その日は月曜日で、現在の勤め先に夜勤の予定を入れていた。

考えてみれば、今回連絡してきたアルバイト先には、父が急逝した日に、まだ本当に亡くなっているかどうかもわからないうちに、電話で退職を願い出ていた。午前中から出勤する予定だったので、慌ててそんなことをした。それきり連絡していなかった。

父の死の直後からしばらくはバタバタしていた。父の銀行通帳のお金を引き出しに行ったり、そのとき自分の預金口座を父が使っていた銀行に新たに作ったり……。

「待ってください。そんなわけがありません。一年も前に退職させていただいたはずでは」

「ええ。一年ぐらい前に、お父さまが倒れられて、いったんお辞めになった……」

「はい。その日もシフトを入れていたので、それで慌てて……。口頭だけで済ませてしまって、その節は申し訳ございませんでした」

「いいえ。でも、一週間もしないで戻ってきてくださったじゃないですか。お父さまもご無事で何よりでした」

——信じがたいことに、前に使っていた銀行口座にきちんと給料が振り込まれていた。働いた実感がないので受け取れないと実さんが言うと、先方は「これからも来てほしい」と返事を寄越してきて、話がまったく噛み合わなかった。

あらためて辞職して、頂いたお金は受け取ることにしたが、どうにも薄気味が悪い。実さんは「信じてもらえないかもしれないけど」と前置きして、恋人にこの一件を打ち明けた。

「もう一人の私が、父が生きている世界線に存在するらしいの」と切り出すと、最初は「SFなんて好きだったっけ？」と笑っていたが、説明するうちに表情が変わった。

「……というわけなの。お金は得しちゃった。罪悪感はあるけど、経済的には助かった」

「そういう問題じゃない」と彼は真剣な面持ちで彼女に言った。

「すぐに家を出た方がいい。そこには実ちゃんのご両親ともう一人の実ちゃんが住んでいるんじゃないか。死者の家だよ。そんなところに居ちゃいけない。僕んちにおいで」

本気で心配していることが伝わってきたので、実さんは素直に彼の言葉に従った。

彼のマンションに転がり込んで同棲しながら、少しずつ家の後片付けを進めた。

荷物をまとめ、遺品を整理するうちに、声や気配が聞こえなくなっていった。

鼠が走り回るような音だけは、最後までしていた。

家の中がほぼ空になると、恋人に倉庫として使うことを提案した。彼は喜んで、ふだんは使わないスポーツ用具やアウトドア用品をあちらに置くことにした。

彼の持ち物を運び入れる当日、実さんはたまたま用事があって同行できず、彼が一人で行った。二、三時間して帰ってくると、彼は開口一番に「よくあんな所に住んでいられたね」と彼女に言った。呆れ半分、労い半分という口調だったそうだ。

「異様に寒いし、人の気配はしきりにするし、ちょっといただけで具合が悪くなったよ」

「……でも、そのうち荷物を取りにいかないと」

実さんが言った通りで、二、三ヶ月もすると訪ねていく必要が生じた。

今度は二人で行った。小動物の足音もせず、家の中は静まり返っていたが、荷物を彼の車に運び入れていると、隣の家の人が外に出てきて、実さんに言うことには——。

「お宅に誰かが侵入しているような気がするんだけど。もう住んでいないのよね？」

三人家族の亡霊が棲んでいるのかもしれないと思ったが、もちろん他人に聞かせられる話ではない。「ええ」とだけ答えたところ、隣家の住人はさらに、「しばらく前に、何百匹という鼠の大群がこの家から走り出て方々へ散らばっていったのを見た人がいて、怖いからうちでも殺鼠剤を撒いたの」と少し迷惑そうに話したということだ。

——実さんの悲しみや寂しさが鼠に化身したかのような話だ。恋人と暮らすようになったから、鼠の群れは去ったのだ。

だが、今でもそこでは、鮨屋の大将と女将さんと、元気な一人娘が、幻の歳月を重ねているような気がする。

見知らぬ妻

二〇〇〇年頃には、本社に次いで重要なH支店の支店長になっていたのだから、今頃はさらに出世なさっているかもしれない、大手証券会社にお勤めの徹朗《てつお》さんの話である。H支店の支店長を任命されるまで、彼は方々の支店を渡り歩かされた。一種の修業みたいなものだと割り切っていたが、妻子を連れていくか否かは、常に悩ましいところだった。

札幌支店へ転勤を命ぜられた九〇年代半ばのそのとき、彼の妻は三十歳とまだ若く、長男は二歳で一人でトイレへ行けるようになったばかりだった。次男はまだ生まれていなかったが、当初は、今回ばかりは単身赴任してしまおうかと悩んだという。

それまでいた支店は、偶然にも妻の実家から近く、転勤のタイミングも良かった。里帰り出産のために妻が実家に戻る寸前に赴任できたのである。たいへん好運で、家族全員が大いに助かった。妻の体の快復も早く、夫婦仲も円満だった。

すべては妻の実家の手助けがあったればこそ、である。

二歳児は手が掛かる。一人でウンコが出来るようになったからと言って、ちゃんとお尻が拭けるかといえば怪しい。歯磨きだって手伝ってやらないと出来ない。

実家から離れれば、妻の負担は絶大になるであろう。しかし自分も栄達への道を歩みつづけようと思えば育児に割ける時間は限られる。

妻子は愛しているが、ここは独りで行った方が……。

「ヤダ。ついていくわよ。決まってるじゃない。札幌でしょう？　大都会だわ。地の果てじゃあるまいし、なんとかなるって」

妻は、そう言って聞かなかった。そうか。無理そうなら里に帰らせて、長い休みのときだけ会いに行くという手もある。まずはイチかバチか、やってみよう。

——と、いう次第で、徹朗さんは妻子を連れて札幌へ飛んだ。

系列会社の不動産会社が、住居を手配してくれた。札幌市内のマンションで、築年数十年あまりと、集合住宅としては新しい部類だった。３ＬＤＫの間取りでベランダ付き。南向きの角部屋で、駐車場やエレベーターも完備されていて、なかなか住み心地が良さそうだ。

玄関に近い角部屋を、ゆくゆくは――あと二年ぐらい転勤しないで済んだ場合は――子ども部屋にするつもりで、当面の間は、妻と息子が二人で寝られるように整えることにした。

そこから遠い、奥の方のベランダ付きの和室を、夫婦の寝室に決めた。

入居から一ヶ月ほど、徹朗さんは、わけがわからないほど仕事が忙しく、精神的にゆとりが持てない状況が続いた。ようやく一段落した日の夜、上司に誘われて、親しくなった同僚たちも一緒に繁華街に飲みに行った。翌日は休日だったから、解放感も肴にして思う存分に飲み食いし、美女の姿も拝んで、深夜零時頃に帰宅した。

存分に飲んだと言っても、彼は生来さほどアルコールに強くなかったので、ビールやチューハイの類を三、四杯、飲んだ程度である。ほろ酔い加減だ。

家に入るときには妻子への配慮を忘れず、うるさくしないように心がけた。

「ただいま……」と、小声で言って、静かに靴を脱ぎ、足音を忍ばせて二人が眠っている角部屋のドアの前で聞き耳を立てた。

――物音ひとつしない。

妻も息子も熟睡しているのだ。この状態が、いつも朝まで続く。

つまり妻が夫婦の寝室に来ることはない。札幌に来てから一回も、なかった。寂しいことこの上ないが、仕方がない。以前は〝おばあちゃん（妻の母）〟が適宜に息子を預かってくれたのだが、ここでは誰にも頼れないのだから。

――そうは言っても一ヶ月だぞ。そろそろ、なんとかならないかなぁ。ならないよなぁ、と、溜息を吐いて、差し足忍び足で奥の寝室へ向かった。

――明日の朝、風呂に入ろう。

独り寝するなら汗臭くても構わないのである。襖《ふすま》を閉じてパジャマに着替えると、蒲《ふ》団《とん》に潜り込んだ。すぐにうとうとしはじめたのだが。

ものの五分も経たないうちに、家の中のどこかで椅子か何かが倒れた。

ガタン！　硬い物がフローリングの床にぶつかったとしか思えない音だった。

――妻が寝ぼけてダイニングキッチンへ行き、食卓の椅子を倒したに違いない。他に考えられない。見に行くべきだろうか？　しかし眠たい。

眠気に軍配が上がった直後に、部屋の襖が、ススス、スーッと開いた。

――やはり、さっきの音は妻だったか。忍んできたぞ。つまり、そういうことなのか？

「ん？　どうした？　目が覚めちゃったのかい？」と、少しドキドキしながら声をかけた。

見れば、妻は見たことのないネグリジェを纏っているではないか。いつもは色気ゼロのパジャマを着ているのだから、今夜は特別なのである。理由はわからないがホルモンの塩梅《あんばい》なのであろうか。こういうことだと知っていたら飲まないで帰ってきたんだよ！

ネグリジェはどうやら淡いピンク色のようで、生地が薄く、まことに艶《なま》めかしい。

「襖を閉めて、こっちにおいで。汗臭くてごめんね」

徹朗さんは、その気になって囁きかけた。掃き出し窓の障子越しに街灯の明かりが差し込んでいるだけだから、室内は薄暗く、妻の表情までは見て取れない。

音を立てずに襖を閉めると、妻は膝立ちで枕もとまでにじり寄って正座した。

「どうしたの？」と再び訊ねたが返事がない。何か言いたいことがあるに違いないと彼は察した。考えてみれば、彼女が正座をするのは怒っているときなのである。

さらに悪い兆《きざし》が表れた。彼女が急に泣き出したのだ。泣くのは激怒の前触れだ。

彼は酔いがいっぺんに冷めて、敷き蒲団に片肘をつくと半身を起こした。

思い当たる節が皆無ではなかった——禁欲中にすすき野に連れていく上司が悪い。

僕のせいじゃない。たいしたことは全然していない。少なくとも君が想像するようなことは。

「泣かないで」と言いながら、ネグリジェに包まれた肩先に優しく手を置いてハッとした。

掌《てのひら》から脳に伝わる肉づき、肩関節の大きさ、手の甲に触れた髪の感触が、妻のものではなかった。

アッと声を上げて突き放そうとしたが、左右の手首をむんずと女に掴まれた。

グッと両腕を捉えて、真正面から顔を近づけてきた。

うりざね顔で目じりが吊り上がった、妻と同じ年頃のキツネ顔の美人であった。

ウェーブのある髪を真ん中分けにしている。妻は、ストレートヘアでタヌキ顔なのだ。

女は接吻をねだるかのように、目を細めて口もとを寄せてきた。彼は、指先が柔らかい物体に圧しつけられるのを感じ、慌ててグーを握った。ネグリジェ越しだが、妻以外の女の乳房に触れてしまった。正直に言えば妻より胸が豊かそうだなどと言っている場合か。

女は体を擦り寄せてきて、彼が後ずさりしても全身で追いかけてきた。首筋に熱い吐息を吹きかけながら、壁際に追い詰めた彼の膝にまたがって——。

ガラッと襖が開いた。「あなた！　何やってるの！」

妻の叱声が耳に届き、襖の方を見やると、彼とお揃いのパジャマを着た妻が立っていた。

ドスドスと足を踏み鳴らして入ってくると、シーリングライトから下がった紐を引っ張って電気を点けた。

途端にネグリジェの女が消えた。体温、感触、姿が一瞬にして消失する。徹朗さんはあらためて混乱して、「えっ、嘘！　なっ、わっ」と喚《わめ》きながら女がいた辺りの空気を両手で掻き混ぜた。

「今ここに居たんだよ。ネグリジェの女の人が、こう、僕に迫ってきて……」

後になって彼は思った。ふつうなら失笑ものだ、と。

しかし、このとき妻は真顔でこう言った。「その人、私も見たことあるかも」

妻によれば、それは数日前のことだった。息子に添い寝していたところ、左右の足首を誰かに掴まれていることに気がついた。目を閉じたまま彼女は思った。

――いつの間にか夫が帰ってきて、いたずらしているんだわ。この人ったら久しぶりに、したくなったのかしら。そうよね。ひと月ぐらい、していないんだもの。

しかし次の瞬間、思い切り足首を引っ張られて、それが飛んだ勘違いだったことがわかった。声を上げる間もなく頭が掛蒲団の中に潜ってしまった。

凄まじい勢いと馬鹿力だ。

「ちょっと、あんた！　何すんのよ！」と彼女は蒲団をはねのけて〝夫〟に抗議した。

彼女は寝るときに常夜灯を点けておく習慣だ。仄かな琥珀色の明かりが室内に満ちていた。だから、見えたのだ――うりざね顔の、吊り目の、ウェーブヘアの、床に這いつくばって自分の両足首を掴んでいる女の上半身が。

下半身は壁の中へ消えていた。つまり、その女は壁の中から出てきたようなのだった。

「馬鹿！　放せ！　この！　この！」と彼女は怒鳴りつけながら両脚をばたつかせた。

「そしたら女が壁に中に引っ込んでいったのよ。大騒ぎしたのに子どもはグーグー眠ってるし、壁を触っても一つも跡が無かったから、夢を見たんだと思うことにして……」

寝直したというので、徹朗さんは、なんと豪胆な人間だろうか、と、妻に感服した。

「君は凄いよ。怖くなかったの？　僕はもう、このうちには一刻も居られないよ。今すぐ逃げ出そう！」

当面の着替えなどを旅行鞄に詰め込んで、息子を抱きかかえ、その夜のうちに彼らはマンションを飛び出した。

まずはホテルに滞在しながら、新しい住まいを探した。

代わりの部屋はすぐに見つかった。前の所と似たり寄ったりのマンションの一室だった。

不動産会社の担当者は、「あれだって心理的瑕疵物件ではなかったんですよ？」と言い訳していた。

「前の住人は無事、その前も何事もなく……そのまた前に住まわれた方々が不倫がらみで揉めまして、結局、奥さんがダイニングキッチンで首吊り自殺されちゃったんですよ」

それを聞いて徹朗さんは、夜中に耳にした物が倒れるような音の正体に見当がついた。

たぶん首を吊る際に、踏み台にした椅子を蹴り倒したのだ。自殺した女性が最期に耳にしたのが、あの音だったのだ。

ちなみに彼は、二年ほどで再び他所《よそ》へ転勤した。妻と息子は、また彼についてきて一緒に暮らし、そのうち妻が第二子を授かった。H支店の支店長になったのは第二子を妻が里帰り出産した後で、ローンを組んで家を建て、それからは平穏な日々を過ごしているという。

「札幌支店を去るまでの間、ときどき例のマンションのことを気にかけていましたが、少なくとも僕が札幌に居た期間は、ずっと空き部屋でしたよ」と彼は言っていた。

小さな子が一人か二人いる夫婦に適した、良い部屋だったそうなのだが。

父の居場所

一九七八年に公開された『八つ墓村』という映画の舞台と、環希《たまき》さんの田舎は、少なくとも彼女が少女の頃には、五十歩百歩の雰囲気であった。「八つ墓村の祟りじゃあ」と不吉なセリフを吐く老婆も近所にいそうな感じで、映画を観た後は、都会の人たちとの感覚のずれを実感して、なんとなく寂しくなったものだという。

——その年の七月下旬、小学校の林間学校から帰ってきたら、父が居なくなっていた。彼女は小学五年生、弟が小学二年生だった。両親は、二年前まで山の麓の町で焼き鳥屋を営んでいた。山は父方の祖父の持ち物で、そこで代々農業を営んできたが、昭和四、五十年代のその頃は、自分のうちで作るのはハウス栽培の椎茸《しいたけ》だけにして、あとは果樹園や野菜畑用の農業用地として土地を貸して暮らしていたようだ。

環希さんが小学三年生の頃に両親が離婚して、母は焼き鳥屋を続け、父は祖父の山に帰ってしまった。離婚の原因は、よくわからない。

大人になってから推察するに、父は恐らく鬱《うつ》病だった。

店に立てなくなり、母に迷惑を掛けてもいけないと言って、ある日、家を出ていった。そして山の実家に帰ってしまったのだが、椎茸ハウスに寝泊まりするだけで、環希さんが知る限りでは何もしていなかった。

風邪ひとつ引かない大男だったのに。

椎茸ハウスというのは家族の間での呼び名で、ビニールハウスもあればガラス温室のようなのもあった。父がよく居たのは、山の頂上付近にあった二階建ての大きな建物で、そこは栽培室の他に、保管庫や農具置き場を備えていた。環希さんと弟は物心ついた時分から、椎茸の収穫やパック詰め、祖父の軽トラックへの積み込みなどをここで手伝ってきた。

弟や近所の子どもたちとかくれんぼをしたこともあったが、離婚後の父が二階に蒲団を敷いて寝るようになってからは、足を踏み入れづらくなってしまった。

父は、昼間から蒲団に体を横たえていることが珍しくなかった。話をしに行くと気を遣って笑顔で相手をしてくれたが、表情が死んでいて、何か尋常な感じがせず、少しすると子ども心に申し訳なくなってきて、「お父さん、またね」と言って、祖父母のいる母屋へ逃げ戻るのが常だった。

両親は喧嘩別れをしたわけではなく、山の祖父母と母の関係はずっと良好なままだったから、環希さんと弟は、半ばは祖父母の家に住み、ときどき焼き鳥屋の二階に戻っていた。

離婚後も同じ小学校に通っていて、生活自体には大きな変化がなかった。

しかし父が行方不明になり、二日前から捜索中だが発見に至らないと聞いたときには、大きく運命が動く予感がして、真っ暗な不安に胸が押しつぶされそうに感じた。

田舎のことだから近所の人たちも、もう全員、父が少しおかしくなっていたことや失踪したことを知っていて、みんな揃って同情してくれながら、好奇の眼を向けてきた。

人目に晒《さら》されることに耐えられなくなり、母の焼き鳥屋の二階に引き籠もろうとしたが、母は捜索に加わるために店を閉めておきたがったので、そうもいかず、すぐに弟と山に帰らされた。

祖父母の家の母屋は四間しかないのに、昔から来客が多かった。

ことに盆暮れには親戚が大勢集まる。そこで山の下の方の斜面にプレハブの二階建ての小屋を建てて、ここも部屋として使っていた。

その夏の八月盆も、山の上の大きな椎茸ハウス、中腹部の母屋、麓近くのプレハブ小屋に客人や家族が分散して泊まっていた。

夜更けて、環希さんと弟が母屋で寝ていると、玄関が騒がしくなった。父が帰ってきたのかと思い、飛び起きて駆けていくと、祖母と祖父が土間に明かりを点けて話していた。

祖母が「プレハブ小屋に居たら二階で足音がした。あの子が帰ってきているのかもしれない。二階には誰も泊まっていないのに、物音がするなんて他に考えられないよ」と言って首に掛けた手拭いで涙を拭った。

祖父は難しい顔をして、「二階を見たのか？」と祖母に問うた。

「見たよ」と祖母は答えた。「でも誰も居なかった」

「それじゃあ、あいつじゃないんだよ」と祖父は言った。「隠れる場所があるほど、あっちは広くないんだから。鼬《いたち》かもしれないよ」

そうは言いつつ、祖父はすぐに懐中電灯を手に表へ出ていった。プレハブ小屋を調べにいくつもりなのだ。

山には、麓の車道までは街灯もなく、夜になると辺りはぬばたまの闇に閉ざされる。夜陰に紛れて父が歩きまわり、椎茸ハウスやプレハブ小屋に身を潜めているというのは、如何にもありそうなことに思われた。

環希さんがいることに祖母はもう気がついていて、「ごめんね。起こしてしまったね。あんたは寝なさい」と言ったが、この頃には母屋にいた親戚たちも目を覚ましていた。

みんな玄関に集まってきて騒ぎが大きくなり、環希さんや弟も朝まで眠るどころではなくなった。大人たちは未明から山探しをし、炊き出しも行われ、昼にはパトカーもやってきた。けれども父は見つからず、祖母は鼬か何かに驚かされただけだということにされた。

盆法要と父の捜索がごっちゃになったが、この夏、結局、父は発見されなかった。

その後、祖母は、毎晩、プレハブ小屋で寝るようになった。それまで、この小屋は客間にするだけではなく、家族が気分や必要に応じて利用してきた。環希さんもここに泊まったことがあったが、以降は、祖母の居場所に変わった。

十年あまり後に、祖母が年老いて亡くなったとき、通夜の席で、山の麓の団地に住んでいる祖父の妹が、「あの子が行方不明になった翌年のことなんだけど」と前置きして、こんな話をみんなに聞かせた。彼女は、祖母を「義姉《ねえ》さん」と呼んで慕っていた。

「義姉さんが夜中の十一時過ぎに急に訪ねてきて、プレハブ小屋の二階にあの子がいるのだけれど、内緒にしてくれと言ったのよ。拝み込むようにして必死で頼むから、今までうちの旦那にしか話さずにきたけれど、あれは本気だった。生きていたのか幽霊なのか、どっちにしても、義理さんにとっては、あの子は確かに存在していたのよね」

すると、そこに居合わせた祖父の知人男性が、「わかります」と調子を合わせて曰く、「でも、最近は上の椎茸ハウスに住んでいるようですよ」と——。

祖父はしばらく前にリタイヤして、椎茸ハウスをこの知人に貸していた。彼が、度々、山の頂上近くの大きな椎茸ハウスに泊まり込んでいることは環希さんも知っていた。

椎茸は冬の温度管理が難しい。とある雪の晩、彼は泊りがけで室温を監視した。

すると真夜中になって、ハウスの周りを歩きまわる足音が聞こえはじめたのだという。

外を見に行くと、誰の姿も見当たらない。しかしハウスに戻ったところ、建物の中に誰か居るように感じた。入れ違いに侵入されてしまったのだと思い、一階、二階をくまなく点検したが不審な点はなく、勘違いだったのだと納得して、蒲団に入った。

しばらくして、うとうとしはじめたところ、敷布団につけた背中の下を冷たい風が通り抜けた。そんな馬鹿なと思って目が覚めたが、途端に頭の奥に衝撃を感じて意識を失い、気づけば朝になっていたという。

祖父は「そうだね。あいつは今でも居ると思うよ」と言って静かに泣いていた。

環希さん自身も、この山で、人の気配を感じたことが何度もあった。振り返ると誰もいなかったのだが……。父は失踪したきりで遺体が発見されていないのだ。

姿を隠したとき三十八歳だったから、生きていれば八十三歳だ。

一九九八年に祖父が九十八歳で寿命を終えてからは、山の大部分の土地は売るか管理会社に任せて人に貸すようになり、親戚は次第に散り散りになっていった。

祖父が天に召されると、母と環希さんと弟も、椎茸の山に行く理由が失われた。

――この間、母も亡くなったが、父だけは、少女だったあの夏の山の、椎茸ハウスかプレハブ小屋の二階に、まだいるような気がする――と言って彼女は遠い目をした。

鉄塔のある家

昇子《しょうこ》さんが記憶する祖父の歯科医院の待合室には、仙臺四郎《せんだいしろう》の写真が飾られていた。仙臺四郎は幕末から明治にかけて実在した人物で、知的障碍を持ち、「しろばか」と呼ばれながらも人々に愛された。

彼が福の神に祭り上げられたのは、東北地方の各地を放浪した折に、立ち寄った店や旅館がどこも繁盛したためだ。昭和の頃までは、写真に向かって手を合わせる年寄りがいたが、昨今は地元に生まれ育っても知らない若者がいる。

祖父は、有名な福の神にあやかるためか、患者として訪れる近所の老人たちを愉しませるために、それを飾っていたのだろう。

昇子さんの高祖父が村長をしていた村が県内の名取川《なとりがわ》河畔にあり、祖父は満州から引き揚げてくると間もなく、そこで歯科医院を開業した。

父と伯父《おじ》は二人兄弟で、終戦当時、伯父は三歳、父は一歳だった。祖父は、祖母と幼かった父たちを連れて日本に戻る際の逸話を、昇子さんに繰り返し聞かせたものである。

――日本より気候の寒い満州だが、九月のその日は暑く、黄ばんで埃っぽい大気に陽炎が燃えていた。当時は若い親だった祖父母は、幼い息子たちを連れて引き揚げ船に乗るべく、内陸部から鉄道で沿岸の町を目指した。港近くの駅に到着し、すし詰め状態の客車からようやく解放されたが、駅舎の外まで見渡す限り殺気立った人々でごった返していた。

とてもではないが、この人混みを突っ切って波止場まで行くのは困難なことに思われた。そもそも方角がわからないし、そこまでどれほど距離があるのかも知らない。途方に暮れていると、人の好さそうな現地の人が来て、子どもたちを船着き場に運ぶ馬車が、すぐそこから間もなく出発すると知らせてくれた。

教えられた馬車乗り場へ、祖父が伯父を、祖母が父をそれぞれ抱いて駆けつけると、大きな幌《ほろ》付きの馬車が待っていた。その頃、満州では珍しくなかった乗合馬車だ。

馬車の中には、不安そうな表情の、三、四歳から十歳ぐらいまでの子どもが十人ばかり乗っていた。まずは、祖母が父を抱いたまま乗ろうとしたところ、御者に制止された。

子どもしか乗せられないと言われ、そこを何とか、と、祖父が交渉しようとしたが、父が激しく泣き出した。祖父母は断念して、遠ざかってゆく馬車を見送った。

「でも、その馬車に乗っていた子たちは全員行方不明になってしまったんだよ。子どもを狙った人攫《さら》いが横行していたんだ。うちの子は小さすぎたから要らなかったんだろう。お祖母《ばあ》ちゃんは引き揚げ船で悪い病気を貰って、帰国直後に死んでしまったけれど、子どもたちだけでも無事で良かったよ」

——そのとき伯父さんが攫われていたら、その後の不幸は起きなかったかもしれない。すべてのことに片が付くまでに、何度か、そんな昏《くら》い想いに囚われたと昇子さんは言う。祖父から最後にこの話を聞いたとき、昇子さんは中学一年生だった。今は四十八歳だから、三十五年あまりも前のことだ。

それまで住んでいた家は、祖父の歯科医院と棟続きで、どこにいても丁子《ちょうじ》の匂いが薄く漂っていた。歯科用セメントのユージノールの、甘いような焦げ臭いような匂いだ。

祖父が年老いて引退を決意すると、父と伯父とは敷地を二分して、それぞれ住まいを新築した。祖父は父が引き取った。伯父が変わり者だったせいだ。

新しい家の庭に、伯父は高さ十メートルの鉄塔を建てた。

電波塔を建てるのが少年の頃からの夢だったと伯父は話していた。

彼はアマチュア無線が趣味で、第一級アマチュア無線技士の資格保持者だった。その頃すでに四十を過ぎており、無線技士の国家試験に合格したぐらいなので賢かったはずだが、言うことなすこと思春期の頃から成長しておらず、一度も働いたことがなかった。

高祖父から受け継いだ財産を、祖父が上手に殖《ふ》やした。時代も良かった。伯父と父は、祖父から生前贈与を受けていた。

伯父が受け取った資産の少なからずが、庭先の鉄塔に化けたわけである。

鉄塔は個人が建てるにしては巨大すぎた。完成前から村役場や警察から人が訪ねてきて、伯父と口論になった。違法建築の疑いが濃厚だったのだ。あの当時の田舎でなければ、いくら金を積んでも建てられはしなかったであろう。道路側の土地を父が、鉄塔が人目につきづらい裏山側を伯父が譲り受けていたことも、伯父にとっては幸いした。

高祖父と祖父が村の名士だったことも、あんなものが看過された原因に違いない。

なんだかんだで鉄塔建設は竣工した。それは、昇子さんの家の北側に高々とそびえた。

敷地の境にフェンスが設けられはしたが、昇子さんの家の方が、どういうわけか伯父自身の家よりも鉄塔からやや近かった。二歳年下の上の弟、Aの部屋からは、手を伸ばせば塔の骨組みに指先が届きそうな気がするほどだった。

「ツートンツートン、聞こえてくる」とAが言いだしたとき、誰も相手にしなかった。

「鉄塔から、そんな音がするわけがないでしょう」と昇子さんは笑った。

伯父と父の新しい家と鉄塔は同じ時期に完成した。昇子さんは中二、Aは小六、末の弟は小二になっていた。この頃からAには何か徴候が現れていたのだ、と、家族が気づいたのは、数年後、Aが高校を卒業してから後のことだった。

「近頃、夜になると兄貴が窓から庇《ひさし》に下りて変な声を出すんだよ。ツーツートントントンって」

下の弟からそう打ち明けられたとき、彼女は二十歳で役所に勤めていた。

「鉄塔と話しているようなんだ。放っておいていいのかな」

いいんじゃない、と、彼女はおざなりに答えた。

「Aくんは伯父さんに似ちゃったのね。気にしちゃ駄目よ」

このとき祖父はすでに他界していた。伯父と父は元から兄弟仲が良くなかったが、遺産相続を巡って関係が悪化し、隣同士でありながら挨拶もしなくなっていた。

丁子の匂いがする古い家では、伯父も同居していた。昇子さんが小さかった頃の伯父は、むしろ父よりも好ましく思えたものだ。よく遊んでもらったからだ。長ずるにつれて伯父自身が子どもっぽかったのだとわかってきて、好意が軽蔑に変わったのだが。

鉄塔はあいかわらず建っており、視界に入ったときだけ、伯父の存在を意識した。生きているのか死んでいるのかもわからない。だが、たまに家の横の私道を通って車で出入りしていると思われた。訪ねてくる者とてないのだ。日用品や食料品を買い出しに行っているはずだ。

「あんたは勉強しなさいよ」と彼女は下の弟に忠告した。Aと伯父のことが念頭にあった。伯父も、高校はかろうじて卒業したと聞いていた。Aと同じだ。

Aは高校に進学してから成績が振るわず、卒業後、他県の短期大学に入学したものの、半年も経たずに中退してしまった。

それからは、鉄塔の見える部屋に引き籠もっている。

両親はAに対しては腫れ物にさわるような感じで、必要最小限しか話しかけなくなった。

父は、国立療養所の児童指導員だったが、家族に関心が薄く、家では職場で起きた出来事ばかりを話題にしたがった。昇子さんたちよりも、仕事で関わる子どもの方が大事なのではないかと思わせられたことが度々あった。母も、保護観察署の職員として、保護司会と厚生保護婦人会の事務局でフルタイムで働いており、家でも忙しなく家事をしていたので、落ち着いて会話する機会など滅多になかった。

昇子さんも両親に倣《なら》った。真面目に学び、正しく振る舞い、きちんと働いて――。

やがて彼女には婚約者が出来た。二十五歳のときだ。大晦日から正月三日にかけて二人で北海道へスキー旅行に行くことになり、出立前に、彼を実家に一泊させた。夕食の席で家族に紹介したのだが、そのときAは一度も部屋から出て来なかった。昇子さんはむしろホッとした。なにしろAとは何年も会話していなかった。彼女だけではなく、家族全員がそうだった。

婚約者には、上の弟は心を病んでいるのだと事前に話しておいた。この時点ではまだ精神科に診せたことがなかったけれど、他にどう説明したらいいか、思いつかなかったのだ。

婚約者と両親、下の弟とで和やかに夕食を囲んでいると、ふとした拍子に「ツートン」というAの声が聞こえるような気がした。庇から鉄塔に向かって語りかけているのだろうと思ったが、今夜は婚約者が来ているせいで、意識されたのだ。

いつもならAの「ツートン」は耳を素通りした。

伯父や鉄塔と一緒で、Aの存在も、ふだんは忘れていられたのだ。

祖父の歯科医院があった頃には、Aという可愛い弟もいたようだったが、もはや、丁子の匂いと共に子どもの姿のまま遠い想い出に埋もれていた。


――スキー旅行中の一月二日の明け方、彼女は不思議な夢を見た。

夢では、夕闇の迫る窓から、くすんだ地味な色味の着物を着た老婆が室内を覗き込む。見覚えのない顔だが、なぜか怖さを感じない。老婆は「この土地の深いところに、古代の悪霊が封じ込められていた。それなのに、あれが」と言って、背後を指し示す。そこには鉄塔があり、自分がAの部屋にいることに気がついて、目が覚めた。

何やら悪い予感がして、朝食後に実家に電話を掛けた。正月だから両親とも仕事は休みのはずなのに誰も出ない。ますます不安が高まり、母の携帯電話に掛けたところ、「あっ、昇子ちゃん」と異様に高ぶった声の母が出た。

「連絡しようと思っていたところよ。うちが火事になったの」

幸い二階を焼いただけで火は消し止められ、深夜未明のことだったにも拘わらず、全員無事だった。問題は火事の原因で、Aが昇子さんの服に火を点けたようだと母は言った。

そこで表向きは父の煙草の不始末ということにして、また放火されても敵わないので、父がAを精神科に連れていったのだという。

「しばらく入院させることになったから、もう大丈夫」と母は言った。

「家が半焼して、平気なわけがないでしょう。今どこにいるの？　伯父さんの家？」

「まさか。とりあえずホテルに泊まる。……家から出て来もしなかったわよ」

伯父は、火事の一部始終、一歩も外に出てこなかったというのである。仲違いしているとはいえ、父とは二人きりの兄弟なのだし、隣で家が燃えていたら飛び出してきそうなものだ。

「伯父さんに相談しにも行かないの？　ホテル代がもったいないじゃない」

「お父さんが嫌がるんだもの。そんなことより、早く帰ってきて片づけを手伝ってちょうだい」

その二ヶ月後、昇子さんは県庁を退職して結婚し、翌年の一月に第一子を出産した。

夫とは東京で新居を構えた。彼の勤め先が都心部にあったのだ。十一月から実家に滞在して里帰り出産した。その頃は、下の弟は県外の大学に進んでいて、家では両親とAの三人が暮らしていた。

改修工事後の家に滞在するのは初めてだった。妊婦が階段を使うのは危ないからと母が言い、一階の仏間にベッドを入れてくれた。仏壇に祖父母の位牌があり、これからしばらくお邪魔するのだから、と、初日に線香を上げていたら、母が一緒に手を合わせながら、

「今年のお盆の少し前に、お父さんの従姉に分骨したんだよ。お祖父ちゃんのお姉さんのところの長女。昇子ちゃんも憶えているでしょう?」と話しかけてきた。

法事のときしか顔を合わせる機会がない遠い親戚だが、祖父を慕っていたことは知っていた。戦後に家同士の交流が盛んだった時期があるらしい。母が言うには、その人が突然連絡してきて、祖父が今の墓が気に入らないと訴えていると主張したのだという。

「私は気味が悪くて……。夢で告げられたなんて言うのよ? 逆らうのも面倒だから、ちょうどお盆だったたし、骨を分けるついでにお祖父ちゃんを追善供養したの。変な人ばかりで嫌になるわ」

そんな話を聞いたせいか、夜、ベッドに横になると、仏壇の方が気になった。起き上がって仏壇の扉を閉めた。それきり、東京の家に戻るまで自分では扉を開けなかったが、ふと気づくと開いていることが二、三回あった。

両親に訊ねると、仏間に足を踏み入れてもいないという。ではAがやったのか。だったら放っておくしかないと思い、仏壇の扉が開いていれば黙って閉めて、そうするうちに東京へ帰る日になった。

——鉄塔の下から真っ黒な靄が湧き出て、赤錆だらけの柱を上へ上へと這い上っていく。

「あれが封印を解いた」と、二階の窓の外で老婆が言った。頭の中に直接話しかけてくるようで、聞こえてくるのは、子どもの頃に耳にした伯父の無線機が立てる音だった。

ツートンツー。トントンツー。ツーツートントン。

「ここに居てはいけない。位牌を持ってお逃げなさい」

私はもうそこには住んでいないのに……。そう思うと同時に、赤ん坊の泣き声が聞こえはじめて、慌てて上半身を起こすと、傍らのベビーベッドで我が子が激しく泣いていた。

それから間を置かずに父が定年退職した。まだ還暦にもならず、持病も無かったと思うのに、定年延長も再就職もしないという。経済的に困っているわけでもないから好きにすればいいと思っていたら、あるとき急に、赤黒く腫れあがった顔で訪ねてきた。

鼻筋が歪み、一見して骨が折れている。前歯も欠けていた。

「Aにやられた。あいつには悪いことをした。せめてもの罪滅ぼしに毎日殴られてやっていたんだが、ご覧のありさまで、ご近所に隠しておくのも、もう限界だ」

驚いたが、赤ん坊のいる身で何ができるだろう。夫も困惑していた。

「お母さんも一緒に、落ち着くまで避難したらどうですか。警察には言いましたか」

「いや、警察には。バレてしまうと思うと病院に掛かるのも……。鎮痛剤でしのいでいる」

結局、父は外科を受診した。その後すぐに母から電話があり、父が入院したというので、見た目以上に重傷だったのかと思ったら、偶然、検査で悪性腫瘍が見つかったとのこと。

そこからは急な坂道を転げ落ちるかのように、目まぐるしく事態が推移した。

父の入院中に、Aが母を殴る蹴るして半死半生の目に遭わせた。母は意識を失い、殺してしまったと思い込んだAは警察に通報。知事命令が下りて、入院措置処分が決まった。そして父が亡くなった。癌の進行が早く、入院したときには手がつけられない状態だったのだ。こうなると、さすがに伯父に知らせないわけにはいかない。

下の弟が隣の伯父の家を訪ねてみると、家の脇に伸びている小径――道路から伯父の家の門に通ずる私道――の路面が緑色に染まっていた。踏むと靴底が軽く滑り、一面に苔が生えているのだと気がついたとのこと。郵便受けは古い郵便物で一杯で、地面にも封筒や広告のチラシが大量に散乱し、一部は土になりかけていた。

インターホンを押しても返事がなく、玄関の鍵が開いていた。家の中は薄暗く、廊下の壁際に、膨らんだゴミ袋が何個も並べられていた。

静寂の中、彼は、嗅いだ覚えがある、いがらっぽいと同時に甘やかな、変な臭いを感じた。

昔の歯医者はよくこんな臭いがした、と、昇子さんより七歳も年下の彼は考えた。

祖父の歯科医院は憶えていなかった。彼が連想したのは、数年前まで通っていた実家近くの歯医者だ。待合室が陰気で薄暗く、床のタイルの目地が黒ずんだ、昭和時代の遺物の。

最近、親知らずを抜くために、大学のそばに新しく出来た〝デンタルクリニック〟に行ったら、どこもかしこも清潔で明るく、ペパーミントの香りしかしないので驚いたものだ。

「伯父さん！」と彼は上がり框《かまち》から大声で呼ばわった。

返事はなく、ある予感に導かれて二階へ行くと、例の臭いがいっそう強まった。

二階の一室のドアが薄く開いており、隙間から覗くとベッドの足もとに、ほとんど骨になった遺体が、パジャマの中で平べったくなって斃《たお》れていた。

悲鳴を上げて伯父の家から飛び出したそのとき、折からの強風が鉄塔を揺らした。甲《かん》高《だか》い音を立てて軋み、振り返ると、真っ赤に錆びた骨組みが、危うげに揺れていたという。

昇子さんは、父の死後に、第二子を授かっていることがわかった。

あれから実家には母が独りで住むことになり、伯父の家は鉄塔もろとも撤去して、更地にした。下の弟はときどき実家に帰っているようだったが、昇子さんは、気が知れないと思っていた。あの土地に行くのは験が悪いような気がして、足を向ける気にもならなかった。

——伯父は、Aが火事を起こす前に、もう死んでいたのである。

おそらくそれ以前から体調が悪くて、あまり飲み食いしていなかったせいと、冬で気温が低かったために、遺体が腐らずに乾いてしまったようだ。事件性は無いとされた。

鉄塔は、いつ倒壊してもおかしくないほど傷んでいたそうだ。

——そう。昇子さんは、謎の老婆が現れる夢を見てから、何もかも、あの鉄塔のせいだと思いはじめたのだった。伯父さんが満州であの乗合馬車に乗っていたら、と怨みがましく考えるようになったのも鉄塔のせいだ。鉄塔さえ無ければ、Aが病むことも、父が早死にすることも、母が怪我を負うこともなく、常識的な家族でいられたのに。

そんなことを四六時中つらつらと考えていたところ、あるとき思わず、その頃、付き合いのあったママ友に愚痴をこぼしてしまった。

「田舎がちゃんとしていないから、気が重くて仕方がないの。実家の隣に住んでいた伯父が白骨死体で見つかるし、母に大怪我させた上の弟は入院しているし……」

「それは霊障じゃない？　懇意にしている霊能者がいるの。紹介してあげましょうか。家を建てた土地に悪霊が憑いていることがあって、祓うと家族の運気が好転するんだって」

さっそく霊能者に引き合わせてもらうと、七十歳は過ぎていると思しきお婆さんだった。

暗い色味の紬《つむぎ》の着物を纏っており、会った途端に嫌な心地を覚えた。

――夢に出てくる老婆より若いが、明らかに似ている。

しかし、紹介してくれたママ友の顔を潰すことも出来ないと思った。霊能者に言われるがまま、故人を含む実家の関係者の氏名と住所を紙に書いて差し出した。

霊能者は右手に数珠を持ち、左手をその紙の上にかざすと、おもむろに口を開いた。

「この土地の地中深くに、黒い気が渦巻いています。ここには遥か昔から古墳時代の怨霊がいましたが、あるとき突然に眠りを妨げられて……まだ鎮まっていません。私の力では祓えないので、浄霊されたいのでしたら、二、三、心当たりがあるので手配しますよ」

是非よろしくお願いします、と、応えて霊能者と別れた。

やはり鉄塔が古代の霊を目覚めさせてしまったのだと思った。怪我から快復したばかりの母が独りで住んでいると思えば気が気でなく、何かせずにはいられない気分だった。

ところが、浄霊の儀式を行う一週間前に、別の女友だちと会ったところ、その人は昇子さんの顔をじっと見て、「最近、変な人と会ったね?」と言った。

「もうすぐ二人目の子が生まれるんだから、しっかりしないと駄目だよ。ご実家のことは、なるようにしかならないんだから、霊能者に会うのはもうやめた方がいい。……私にも霊感があるからわかるんだよ。どうか私を信じて、あっちは断ってちょうだい」

昇子さんは急いで儀式をキャンセルして、件の霊能者には二度と連絡を取らなかった。

今回は里帰り出産はせず、退院後、母に上京してもらった。母は怪我をしてから休職していた。Aの扶養義務から解放される見込みが立ったと言って、晴れ晴れとした顔で昇子さんの住まいにやってきた。昇子さん自身も、第二子も健康、上の子と夫も元気で、もう何も起こらないのだと安心していた。

ところが、母が来て二、三日後の夕方、居間で赤ん坊に授乳していたところ、台所で食事の支度をしていた母が血相を変えて駆け込んできて、「窓から知らない女が覗いている」と訴えた。そこは建売住宅地の一戸建てだが、傾斜地に建てたため、台所の窓から地面までは二メートルぐらいあり、覗き込めるはずがなかった。それなのに、母は「でも本当に覗いていた。まだ、台所の外にいるかもしれない」と彼女に言った。

「どんな女なの？」と訊ねると、母は「着物を着たお婆さんだよ」と答えた。

昇子さんは、冷たい水を頭から浴びせかけられたかのように感じたという。

到底、見に行くことなど出来はしなかった。

今回、昇子さんからは、先頃、母が老人ホームに入所して、実家の土地と建物を手放すことになり、記念の意味を籠めて私に話したいということで、ご連絡いただいた。ただ、電話インタビューの日取りを決めた途端に、昔見たのと似たような夢を見てしまったそうで、初めのうち、声の感じが少し怯えていらっしゃった。

「窓の外から見知らぬ女に部屋を覗き込まれる夢でした。ただし、お婆さんではなくて、おかっぱ頭の若い女でした。ただの夢でしょうか？　偶然だと思われますか？」

「もちろん、そうでしょう」と私は受け合ったが、インタビューの直後に、別の体験者さんから届いたメッセージを開いて――戦慄した。

それは、夜空を背景に、カメラのフラッシュに浮かび上がる鉄塔の写真であった。

《川奈先生、うちの近所に昔あった電波塔の写真を送ります。違法建築だったようです。七人これを建てた家は七人家族で、火事や殺人事件で一家全員変死したという噂です。七人なんて、七人ミサキと引っ掛けた作り話かもしれないけど、かなり不気味でしょう》

祖父、伯父、父、母、昇子さん、A、下の弟、と、私は指を折って数えてみずにはいられなかった。その後、写真の鉄塔は、昇子さんの実家があった東北ではなく別の地方に建っていたもので、家族全員変死したという噂の根拠も薄弱だったことがわかったのだが。

偶然にも程があろう。もしや昇子さんが私に嘘を……。いやいや、体験者を疑うのは私の主義に反する。それにまた、これより先は、確かめるのも恐ろしいではないか……。

★読者アンケートのお願い

本書のご感想をお寄せください。
アンケートをお寄せいただきました方から抽選で
10名様に図書カードを差し上げます。
（締切：2023 年 4 月 30 日まで）

応募フォームはこちら

実話怪談 恐の家族

2023年4月5日　初版第1刷発行

著者……………………………川奈まり子、松永瑞香、岩井志麻子、Dr.マキダシ、西浦和也
デザイン・DTP ……………………………………………………………… 延澤武
企画・編集 ……………………………………………………………… Studio DARA

発行人………………………………………………………………………… 後藤明信
発行所………………………………………………………………… 株式会社 竹書房
〒102-0075　東京都千代田区三番町８－１　三番町東急ビル６F
email：info@takeshobo.co.jp
http：//www.takeshobo.co.jp
印刷所……………………………………………………………… 中央精版印刷株式会社